明日への誘《いざな》い

田中健三 著

善本社

はじめに

数年前よりいろいろな月刊誌や機関誌に掲載したものをまとめてはどうかという声を頂き、また個人として今日の日まで信仰を続けて来て、この教えを「我かく思えり」、「我かく信ぜり」、「我かく悟れり」と、真にそう確信できるかどうかを自分自身に問いかけること、即ち自問自答することを含めて、この度「明日への誘（いざな）い」と題して出版に意を固めたのも事実であります。

人間はその時その次代の流れや、論の潮流、周囲の状況や置かれる立場等によって、考えることも信ずることも、善し悪しは別として流動的になるものですが、「信仰」とは普遍妥当性や絶対性がなくてはならないし、また自分自身の心の中にも常にそれがなくては信ずるものを他に流布する働きかけなどは到底できません。この教えは、その意味に於て立教以来反対攻撃にあい、江戸時代末期に続き明治維新の動乱の中にあっても、大正、昭和初期の時代的強い因習の流れの中にあっても、その後の第二次世界大戦の戦中、戦後の激動と混乱の中にあっても揺らぐことなく、教理としてその不動の真を保持し、今日まで受け継がれてきているのであります。

私はといえば、若いときからこの教えを理解し信心をしていたわけではなく、むしろ逆に激しい反対こそしませんでしたが無信仰、無神論に近い考えを持って苦しんでおりましたが、信仰に対する厳しい初代である父の生き方の姿や、やさしい慈母の信仰の姿をみつつ育まれ、今日まで多くの良師・良友・良機に恵まれ、出会えることができ、そのことを思う時、この教えを伝え導かれた先人方の信念と努力に唯々驚愕すると同時に、とりわけひたむきな真摯な親の信仰に感謝しないではいられません。

私達が今生きているこの時代は、あまりにも自由がありすぎ、私達はそこから生まれる是非や価値観の多様性に翻弄され、混迷と混沌を招き、心身共に危機に直面している時代に、改めて「本当だなあ」、「そうだなあ」と思え、信じられることをこの教えにみる時、やはりこれは只一遍の教理ではなく、間違いのない真実の教えだと信ずることができるのであります。

この「明日への誘い」を出版するにあたっては、この教え、この道を信仰するしないに拘らず、日々の生活の中で身近に私達が感じたり、考えたりすることをこの教えを通して、どのように解していけばより良き倖せな人生や運命の切り替えや、また陽気ぐらしの明日への誘いになるかを教理を軸にして私なりに解釈し、披瀝し、それが一人でも多くの方々に共鳴と共感をもっていただければ、これ程の喜びはありません。

出版に際しては「ほんえ誌」と「明日への誘い」の編集に携り、ご協力いただきました中山道治氏、とりわけ装丁や出版への細心のご配慮を賜わりました善本社 手塚容子女史に深く感謝し、厚く御礼を申し上げます。
また、巻末の教語の説明と解説は「天理教事典」に依ります。

平成二十年九月

田中　健三

目　次

マニュアル通りに陽気ぐらしを（1）

「難儀・不自由、難渋」について、
『みかぐらうた』二下りに、

　七ツ　なんじふをすくひあぐれバ
　八ツ　やまひのねをきらふ

とありますが、難渋の姿は、身を屈め、心を伏せた、いずんだ姿であります。『みかぐらうた』の中で、難渋ということについては、不自由ということを含めて四つありますが、この世の中、難渋を託（かこ）っている人がいっぱいいます。「身の難渋」いわゆる病で難渋を託っている人。「心の難渋」これはいろいろな事情、即ち、子供の非行・家庭の不和・別居・離婚・事業の経営不振・失業・倒産・自殺・事故・等々、枚挙にいとまがないほどの諸事情に詰まってる人であります。そういう難渋を救いあげれば病の根を切ろうと、
　五下りには、
　七ツ　なんでもなんぎハさゝぬぞへ

たすけいちじよのこのところ

と、如何なる難儀もささない。それは、人を救けるたすけ一条、即ち、人を救けることにひたすら専念すれば、難儀はささない。難儀するということは、逆に言えばたすけ一条ではないからだと悟れるのであります。

九下りには、

ニツ　ふじゆうなきやうにしてやらう

かみのこヽろにもたれつけ

と。神の思いに凭れ、神を遠巻きにしていないで、神の懐に飛び込むということであります。そして、凭れるとは、身を委ねることで、さすれば、生きて行く上で、身にも暮らしの上にも不自由の無いようにすると。

十下リには、

七ツ　なんぎするのもこころから

わがみうらみであるほどに

あれがこうだから、これがこうだから難儀するのではなく、難儀するのは全て我が心が因（もと）で、我が身恨みであるのだと。原因が何であれ、難儀・難渋とは、「処理対応に困難すること、苦しいひどい目にあうこと」で、そして、負担が重くて、その就縛束縛からなかなか抜け出せないことを「難儀」と言い、いろいろな事につかえ、詰まって、思うように行かないことを「難渋」というのです。私達の日常生活における車社会の渋滞を考えてみてください。先が詰まって身動きがとれず、前にも行けなければ、退くこともできず、唯々時間が無意味に刻々と過ぎていくだけであります。ほんとに難渋なことであります。前方が詰まるからで、人生の上でも詰まること、先へ行きたいけど行かれないことが難渋ということだと思うのであります。そして、不自由とは、「思うことをやろうと思っても、実現するのに抵抗があり、なかなかそのようには進めないことがあること」。これが「不自由」ということで、神の心に凭れつけば、そういう不自由はなくしてやろうと。この教えでいう「たすけ」とは、身の難儀、不自由、心の難渋を託っている、そういう人達の道を空けてあげること、そういう人達の先を開いてあげることなのであります。「たすけ」というと重苦しく、重圧を感じますが、難儀、難渋な思いをしている人がいたら、なんとか道を開いてあげたい、先へ進んでもらいたいと、願い・祈る心が「たすけ心」なのではないでしょうか。病んでいる人は、身の難儀、身の不自由にさいなまれ、病を救けてあげるしか、その人の将来はないのです。何とかたすけてあげたい、たすかってもらいたいということが、その人の人生を開いてあげることになり、それを神は望まれているのであります。

さて、私達は教理を難しく考えがちですが、私は、教理とは、陽気ぐらしへの「説明書」と考えています。電気製品でもカメラでもパーソナルコンピューターでも携帯電話でも、買うと必ずぶ厚い説明書がついてきます。その説明書の通りにやらないと、どう操作していいのか分かりませんし、下手にいじると壊してしまいます。その説明書通りにやれば、使いこなすことができるのです。さあ、この教理でありますが、陽気ぐらしへの説明書、即ち、マニュアル通りにやれば、陽気ぐらしは出来、そして、人も救けられ、我が身もたすかるのであります。マニュアルとは、「入門書、案内書、説明書、手引き、教科書」とあります。教理とは、陽気ぐらしへの案内書、説明書、教科書なのですが、教理というから、皆難しく思うわけで、陽気ぐらしをしたい、人にもさせたい、特に我が家でも陽気ぐらしをしたいと望むのであったら、皆でこの案内書をしっかり熟読するか、熟読しなくてもいい、説明を聞いて、しっかりマニュアル通り説明通りに実習することなのであります。説明を聞いてもやらず、案内書を読んでもその通りにやらず、自分勝手な間違いをするから、身まで壊れて来るのではないでしょうか。病とは、バランスが崩れ、身が壊れることです。せっかく上等な、使えば便利な物も、説明書通りに操作しないが故に、壊してしまうことになるのでありますます。この教えは、陽気ぐらしへのマニュアルであり、私達が心豊かに、日々結構に不自由なく暮らして行ける説明書なのです。教理とは、身の難渋である病や、心の難渋である様々な煩わしい事情を取り除いて、陽気ぐらしへ向かうための案内書なのであります。

『おふでさき』に、

だん／＼とふでにしらしてあるほどに
はやく心にさとりとるよう　（四―72）
これさいかはやくさとりがついたなら
みのうちなやみすすやかになる　（四―73）

いろいろと筆に印し、説明してあるから、早くそれを自分のものにして、陽気ぐらしを使いこなして行くようにと、また、それを早く修得したならば、身の難渋は軽やかになると。

せかいぢうどこのものとハゆハんでな
心のほこりみにさハりつく　（五―9）
みのうちのなやむ事をばしやんして
神にもたれる心しやんせ　（五―10）
どのよふなむつかし事とゆうたとて

神のぢうよふはやくみせたい　（五―11）

心の埃、即ち、をしい・ほしい・かわい・にくい・うらみ・はらだち・よく・こうまんの八つの埃心が身のさわりとなってくるのであって、身のうちの難儀・不自由を良く考えて、早く親神に凭れることを思案しなさいと。このように神の護りを得る方法が案内書に書いてあるので、その案内書の通りにやればいいのであって、それをやらないから、いつまでたっても機械が作動しないように、たすかるという守護が働いて来ないということになると思うのであります。「どこのものとは言わない」とは、どんなに偉かろうが、私達普通の人であろうが、高低・貧富には関係なく、心の埃が身の障りとなってくるので、どんな難しいややこしいことでも、私達の埃心を改め直しさえすれば、神の素晴らしい自由自在の働きを早く証明して見せてやりたいと。

いまゝでハやまいとゆへばいしやくするり

みなしんぱいをしたるなれども　（六―105）

これからハいたみなやみもてきものも

いきてをどりでみなたすけるで　（六―106）

私達はともするると、病になるとすぐ医者・薬と間髪を入れず、そう思いがちですが、まず『御供』を、そして『さづけ』を頂き、心を立て直す。そして、医者へ行き、薬を頂く。順序が違うのではないでしょうか。マニュアルが違うのです。器物を組み立てる場合も、順序が違ったら絶対に組み立てられないし、道具でも、手順が狂ったら作動しません。それと同じであります。医者・薬に頼ってはいけないなどと神は言ってはおりません。医者・薬は治癒の手立てとして置いてあるとおっしゃる。がしかし、その前にやること、即ち、救けを願い、祈り、そして『御供』や『さづけ』を頂き、心の改良をするということで、手順が違うから、守護が作動してこない、動いて来ないと悟るのであります。

このたびのなやみているをやまいやと
をもているのハこれハちがうで　（十一—25）
こればかりやまひなぞとハをもうなよ
月日ぢうよふしらしたいゆへ　（十一—26）

病んでいるのは病ではなく、親神の自由自在の絶対である力を知らしたいがゆえで、そして、私達のこの身は、親神からの「かりもの」であることを自覚させたいということであります。

なにもかも月日ゆう事しかときけ
心にさだめつけた事なら　（十二—18）

それよりもみのうちなやみさらになし
だんく心いさむばかりや（十一―19）

要するに、天地、人間創造の親である、親神の真意、即ち、私達に「陽気遊山」をさせたいという神のマニュアルが分かったならば、心はだんだん勇んで来るのだと。
『おさしづ』では、
《難儀さそう不自由さそうというをやは無い。なれどめんめんに心に事情持っては、何程どうしようと思うた処がどうもならん》（M24・1・21）
と。この子を行き詰まらしてやろう、この子に不自由をさせようという親がどこにいるでしょうか。そのように親は思ってはいるけれども、ところが、私達の心には自由が与えられていますから、それぞれが心に煩わしい事情を持つのも自由で、それをどれほど親がどうしようと思っても、どうにもならないと。心に事情を持つとはどういうことかと言うと、心に蟠（わだかま）るもの、心に引っ掛かるもの、心に閊（つか）えるものを持つということで、それを親がどう思ったところがどうすることもできないと。故に、心にひっかかるものを、心に蟠っている物を、渋滞の原因になっているようなものを、先へ進めないようなものを、それを早く取り除くことが大切であると、陽気ぐらしへ向う案内書で教えてくれているのであります。何が自分の心を詰まらせているのか、欲ではないか、高慢ではないか、恨みではないか、何なのだろうということをしっかり見極め、そして、教科書通りにそれを取り除いていくことであります。それには、教会へ運ぶとか、つとめをするとか、人を救けるとか、手順がありますから、分からない方は説明を聞いていただくことが大事なことだと思うのであります。

《難儀さそうという親は無い、不自由さそうという親は無い。一時の処何処にどうじゃ、彼処にこうじゃ、その理遁れるに遁れんという。又隠すにも隠されん。埋むにも埋まれん。これだけ諭したら分かるやろう。まあ〱大掃除である。これ一つよう聞き分け》（M35・9・18）

と。いやなことがあると、ちょっと隠しておきたい、誰にも内緒にしておきたいと思いがちですが、「今、私はこういうことで悩んでる、困っている」と、誰にも彼にも言う必要はありませんが、教会に運び、しかるべき相談をしたらいいのであります。その理、逃れようと思っても逃れられず、また、隠しても隠し通すことはできず、土を被せて埋めようとて、埋めることはできない。心の大掃除をすることが大切で、それには根があるからで、根をしっかり掃除することであると神はお教え下さっています。人は困ったことを周囲に隠したがりますが、それは何等問題解決にはならないし、すっきりもしません。恥じることなく打ち明け、相談し、悩んでいるところを反省し、立て直したらいいのです。これが大事なことで、「難儀・不自由・難渋」は、これは程度の差こそあれ、人はそれぞれどんな立場にあっても皆あると思いますが、それを早く取り除いて、日々勇んだ陽気な一人一人に、そして、家々に、一層の神の守護を頂くことであります。

マニュアル通りに陽気ぐらしを（2）

―「陽気」と「陽気ぐらし」―

この道は「陽気ぐらしの教え」と言われるように、教理の中で必ず陽気、陽気ぐらしという話を聞くと思うのであります。また、私達がこの道を知らない方々に話す時、この道は陽気ぐらしの教えなのだと説くと思うのであります。

さて、陽気とはまず天候・時候に使いますが、「万物が動き、浮き〱とする気、浮き〱した感じで賑やかなこと」。人でいうならば、「性質の明るく快活なこと。朗らかなこと」であります。反対は「陰気」で、陰気な人は、陽気になるには快活な人に較べ、二倍三倍の手間、隙がかかると思います。ほっておくといつまでも陰気で終わってしまうので心を修正しなければなりません。陰気を神は喜ばず、「不足や不満等の暗い心(気持ち)を忘れて、楽しく時を過ごすこと」が陽気であります。

では神は「陽気」をどのように教示されているかですが、その前にまず、この道でいう「陽気」の定義を調べてみますと、

《今の道互いの道。(中略)神が連れて通る陽気と、めん〱勝手の陽気とある。勝

手の陽気は通るに通れん。陽気というは、皆んな勇ましてこそ、真の陽気という。めんく楽しんで、後々の者苦しますようでは、ほんとの陽気とは言えん。めんく勝手の陽気は、生涯通れると思たら違うで。》

（M30・12・11）

と定義下されているのであります。一人だけ楽しむ、一人だけの勝手な陽気は真の陽気ではなく、むしろ自分が苦労してでも自分の周りの人を勇ませる、楽しませる方が、結果的には却って自分自身も喜べ、楽しめると思うのです。また、

《これから先は陽気ぐらし陽気遊びという、楽々の心を一時定めにゃならん。》

（M28・5・28）

と、親神は私達に、陽気ぐらしという言葉だけではなく、「陽気遊山」「陽気遊び」という言葉を使ってお教え下さっているいるのであります。

《身の内切なみ無けにゃ楽しみ諭すく。神一条実と取りて治めてみよ。又しても苦労は、心で苦労して居たのや。楽しみ、心改めたら苦労あろうまい。陽気遊びと言うたる。陽気遊びというは、心で思たりして居た分にゃ、陽気遊びとは言えまい。これから心に悔しみありては、陽気ぐらしどころやない。早くにこれだけ分かったこっちゃ。分かったら、日々飲んだり着たり、いつくまで楽しみ。これ一つ聞き分け。》

（M28・5・31）

親神への一筋の心、真実の心を持って自分自身や周囲を治め、問題は、陽気になっていく心を作ること、これが大切なことで、私達は日々自分自身の心で苦労していることが多いのではないでしょうか。本当は楽に陽気になれるのに、自分で自分を詰まらせ、自分で自分を締めつけているところが多々あるように思います。これをしっかり見極めないとどこへ行っても出口のない暗闇のようなもので、自分の心を改め、実践して行かなければ解決しないのではないでしょうか。私達が日々活き活きと暮らし、生きることを神は望まれているのであります。例えば、我が子が来る日も〳〵毎日暗い顔をして頭を抱えていたら、親として私達はどうでしょうか。親神も同様、親神の子としてこの世に生を与えて頂いた今の私達が、日々を陽気ぐらしの心で通ってほしいと、これが親としての親神の望みであることを忘れてはならないと思うのであります。陽気ぐらしの教えとはいうけれども、結構陽気ぐらしをしていない人が多いのではないでしょうか。自問自答してみることが大事なことであります。

《めん〳〵思やん要らん。日々陽気づくめの道を知らそ。》（M21・4・28）

《神一条の始め出し、何も難しい事は言わん。難しい道はをやが皆通りたで。をやの理思えば、通るに陽気遊びの理を思え。心に掛かる事があれば、陽気とは言えん。》（M21・10・12）

心に色々なことが引っかかっていたら陽気ぐらしは出来ず、特に身を病み、ここが痛い、苦しいというようでは陽気ぐらしはできません。それ故に早く病を癒す手立てをすること、私達「よふぼく」はそういう方々と出会ったならば、いち早くその病の快癒を神に願い、祈り、苦しみ、痛みを拭い去らせて頂く、辛い所を取り除いてあげて、それだけでなく、その方々に陽気ぐらしができるような心を伝えることが本当の意味でのたすけであると思案するのであります。この道は病だすけの道でもありますが、心だすけの道とも言われ、病は陽気ぐらしへ向かう親神の切ないまでの心の手入れで、親神の守護を頂いて、早くその病を癒して頂き、陽気ぐらしに立ち向かう心を作るように手立てをすることが私達よふぼくの務めであります。私達自身もいろいろと親神から手を入れられますが、それは何かと言えば、早く心を立て直し、入替え、陽気ぐらしに向かう心を作ることなのであります。

にちくにをやのしやんとゆうものわ
たすけるもよふばかりをもてる　（十四―35）

と教示されているところでもあります。

「この果てしない親心にお応えする道は、人をたすける心の涵養と実践を措いて無い」（諭達第二号）。何のために人をたすけるのか、何のために私達がたすからねばならないのか。それは、言うまでもなく、陽気ぐらしをするためであり、痛みが体のどこかに走るわけでもなく、痛くて苦しいところがなかったならば、早く陽気ぐらしに向かう心を作ることなのであります。病んでいる方々は病の回復という守護を頂く所から出発しなければならないのですが、私達健常者は、病んでいないのですから、陽気ぐらしに向かう心をいち早く作って行かなければと思う次第であります。

《不思議の中で小言はこれ嫌い、陽気遊びのようなが神が勇む。》(M23・6・17)

神は私達の、ああでもないこうでもないという小言は嫌いだと思召され、私達が勇まなければ親神もまた勇まないということであります。不足しながら勇んでいる人などはいないように、私達が不平不満を言っている時は心は勇んではおりません。そういう時は神は働きませんし、神が働かないから守護もない、という悪循環を繰り返すことになると思うのであります。

《一つ〳〵の心に何も言う事無く、思う事も無く、陽気遊山》(M30・6・5)

『おふでさき』の中でも、どうしたら陽気ぐらし、陽気づくめになれるかをお教え下さっています。陽気ぐらしにもマニュアルがあり、それが『おふでさき』であり『おさしづ』であり『みかぐらうた』なのですが、マニュアルをしっかり自分のものにしないと、陽気ぐらしく〳〵と言っているだけで、ちょうど携帯電話やパソコンを持っていても使いこなせないように、自分のものにならないのであります。マニュアルをしっかり習得しないと、便利な器械も無用の長物となってしまい、この教えも同じであり、陽気ぐらしをするにも方法があるのだということであります。

マニュアル①は、心を入れ替えることで、これは陽気ぐらしの目的・目標に向かう基本でもあります。

せかいぢうどこの人でもをなぢ事
いつむばかりの心なれとも　（十四―23）
これからハ心しいかりいれかへて
よふきづくめの心なるよふ　（十四―24）
月日にわにんけんはじめかけたのわ
よふきゆさんがみたいゆへから　（十四―25）

と、まず親神が私達人間をお創り下さった目的は「私達人間が、日々陽気に遊山する姿が見たいゆえから」とのことで、私達人間と無い世界を始めた根本をしっかり胸の奥に刻み込むということ。私達の中に、けっこう陰気ぐらし、愚痴遊び、不足遊山が好きだったりする人が多いのではないでしょうか。

せかいにハこのしんぢつをしらんから
みなどこまでもいつむはかりで　（十四—26）
月日よりよふきづくめとゆうのをな
これとめたならさねんゑろなる　（十四—27）

と、陽気づくめを止めたら、私達は所謂陰気ぐらしになって、行き着くところは孤立無援となり、出口を失い、段々詰まって、精神障害に陥っていく。人のことを考えている精神障害の人など一人もいないし、精神障害の人で陽気ぐらしをしている人も一人もいません。

いまゝでと心しいかりいれかへて
よふきづくめの心なるよふ　（十一—53）
この心どふしてなるとをもうかな
月日たいない入こんだなら　（十一—54）

親神が私達の体内に入り込んでもらえるように、親神とのパイプを私達一人ひとりが作っていかねばならないのであります。陽気ぐらしを好まない人はいないと思いますし、陽気ぐらしに反する心が芽生えたら、その心を掃除して、マニュアル、即ち、教えに沿って、その心を入れ替えるしかないのであります。何もせず願っていても、陽気は彼岸にあるだけで、私達一人ひとりが自ら陽気に向かって近づいて行かねばならないのであります。

「陽気遊びというは、心で思たりして居た分にゃ、陽気遊びとは言えまい」と。

マニュアル②は「親に凭（もた）れる」ということ。

心よりしんぢつハかりすみきりて
とんな事でもをやにもたれる　（十―102）
このさきハせかへぢううハどこまでも
よふきづくめにみなしてかゝる　（十―103）

凭れかかってきたら、ふっと外す親はいないように、まして子供が真実凭れてきたら親はよけるわけはないし、しっかり受け止めて下さり、陽気づくめにして行くと。陽気ぐらしができないのは、凭れ切れていないからで、信じないと凭れることはできないのであります。信ずることとは、疑わずに真実と思う心、頼りとすることでありす。神の絶対的な力に心から呼応して、その教え通りにすること、それはまた自分自身をも信ずることにも通じるのであります。信じることと凭れることとは別々のものではなく、一体なのであります。不安や案じがあったのでは、陽気遊山、陽気ぐらしはできず、どうか色々の問題を解決して頂きたい、どうか守護を頂きたい、という強い祈りと願いが大事なことではないかと思うのであります。

マニュアル③は、親神が教えてくれることを聞いても守らなければ意味がありませんが、聞く、守るということ。

月日よりどのよな事もをしゑるで
このよはぢめてない事はかり（七—106）

月日にハとのよな事も一れつに
みなにをしへてよふきづくめに（七—107）

せかいぢうみないちれつハすみきりて
よふきづくめにくらす事なら（七—109）

このよふのせかいの心いさむなら
月日にんけんをなじ事やで（七—110）

と、神が今まで分らなかったことを教えるので、私達はそれに耳を傾け、また守り暮すことであるならば、陽気づくめになり、勇んでもくるし、それは神とても同じことだと。

マニュアル④は、案じないことであります。半信半疑だから案じるので、案じたら陽気ぐらしはできないのであります。大丈夫だろうか、本当にそうだろうかというように、私達は知らない間に疑心暗鬼になり、案じ心を使っていることが多いと思うのです。なあに、神様にお願いしたってよくなるかどうか、どうなるか分からない、というように。

一ツ　ひとのこころといふものは　うたがいふかいものなるぞ　（六下り目）

と、神は私達の心根を看破されております。

とんくとびてる事をみたとても
心あんちハするやないぞや　（十二―56）

あとなるハよろづ月日がひきうけて
いつくまでもよふきつくめに　（十二―57）

マニュアル⑤は、胸の掃除をすることで、マニュアル①の心を入れ替えることにも通じることであります。人の日々にはいろいろなことがあり、朝の心と夕べの心とは、全く違ってしまうことが多々あります。朝には心勇んでスタートするのですが、夕べには一日の出来事によって心を倒してしまうこともあります。しかし、常に我が心を反芻して、倒れた心を立て直し、陽気を取り戻すことを心掛けて行くことではないでしょうか。

いちれつのむねのうちさいすきやかに

そふちしたてた事であるなら
それからわせかいぢうゝハきがいさむ　（十三―24）
よふきづくめにひとりなるぞや　（十三―25）
と教示されているところであります。
マニュアル⑥は、つとめをすることであります。つとめによって本当に陽気になれるかどうかなどと疑わずに、先ず、心を込めて親神と対峙してつとめをすることであり、そして続けることであります。そのうちに陽気心の障害となる埃心が払われ、不思議と陽気の心が芽生え、自然と心が陽気に向かって行くと。
にちくにようきづくめとゆうのわな
いかなる事やたれもしろまい　（九―93）
なにもかもよふきとゆうハみなつとめ
めづらし事をみなをしゑるで　（九―94）
あとなるハにちく心いさむでな
よろづのつとめてへをつけるで　（九―96）
このはなしどふゆう事にきいている
せかいたすけるもよふばかりを　（九―100）

陽気とは万物が生まれ動こうとする気であり、伸び進展していく因(もと)であります。この気を失ったり得られなかったりすると、草木であれば枯れ衰えることになり、私達人間であれば、病み衰弱することにもなるのであります。

　陽気発する処金石亦透る

と、『朱子語録』にあり、万物が生じ動こうとする気が出ると、金属や石でも貫き通すとも譬えられ、どんな困難な事にも負けず心を集中して貫き通せば、万事は成し遂げられることにも比喩されているのであります。

　この道を通る私達は、常に陽気を志し、陽気を失いかけたらいち早くそれを取り戻す努力をすることではないでしょうか。

陽気ぐらしの訓練を
―「台」について―

宇宙飛行士の宇宙遊泳の映像を見て、私達も宇宙へ行って遊泳できそうに思いますが、そう簡単に遊泳することはできません。何年もの間物凄い訓練を積まなければできないのです。また、スポーツの選手と言えば、私生活なぞは全て投げ捨て、試合に向けてすさまじい練習をすることを思う時、私達は、陽気ぐらしということを聞き、知ってはいますが、日々陽気ぐらしの訓練をどれほどしているでしょうか。「この道は陽気ぐらしの教えです。陽気ぐらしをしなくてはいけません」と簡単に言いますが、陽気ぐらしも訓練をしなければできません。そして、総てがそうであるように、ゲームであり、遊びであり、或いはどんなスポーツでも、ルールという決まり事があるように、陽気ぐらしとても、勿論決まりがあります。それが教祖五十年の「ひながたの道」であり、そして教理であります。そういう決まりを守らないで、陽気ぐらしに行き着こうということ自体が違反なのであります。やはり規則を守り、練習に励み、日々訓練をするということだと思います。私達は「陽気ぐらし、陽気ぐらし」と言ってはいますが、陽気ぐらしの規則に則って訓練をしているだろうかを思う時に、訓練などとは程遠い日々を通っており、それでいて、陽気ぐらしを実現させよう、自分の身の回りに陽気を漂わせようと思っても、これは所詮無理なのであります。ちょっと嫌なことがあればすぐに腹を立て、ちょっと自分の思うように行かなければ不足をする。それでいて「陽気ぐらし、く」と口では言う。己はどうかなと時折反省する必要があるのではないでしょうか。

陽気ぐらしの規則に則って、懸命に陽気ぐらしの訓練に励むことが大事なことであり、「練習に勝る上達はない」と言われるように、陽気ぐらしの練習をすることであります。訓練ということ、練習ということは、同じことを何度も操り返すことであり、野球のバッターであれば、バットを何百回、何千回と振ることであり、ピッチャーはといえば、数えきれないほど球を投げ込むことであります。練習とか訓練とは、あっちこっち他の事をやることではなく、同じことを毎日毎日操り返すことなのでありまず。ですから私達は、陽気ぐらしに向かって、陽気ぐらしの規則に則って、それを繰り返すことであります。

さて、私達はよく『台』という話をしたり聞いたりしますが、この教えで『台』というとすぐ、「婦人は道の台」と思われがちですが、何も女性だけが台ではなく、男性とても『台』であると思うのであります。そして、『台』とはどういうものかをしっかりり思案しなければならないと思うのであります。

そもそも『台』とは、人や物を載せて適当な高さをとるためのものであり、また、物を据えたり、人を載せたりする支えになるものなのです。婦人は男性にはない「生み育てる」という素養、素質、天性、天分、そういうものをより載いており、家庭にあっても外にあっても、所謂『台』になる天命を男性よりも、多く兼ね備えているということであります。何も男性は全然そのようなことに関知しないということではありません。

『台』というものは、載せるものより目立ったり、光ったりしたらば、台としての意味がないのであります。例えば、ダイヤよりも、台の方が光っていたり、目立っていたりしたらばどうでしょう。指輪として意味がないのです。ダイヤをより良く見せるために台があるのではないでしょうか。

『台』にはいろいろあり、「土台」は建物の基礎として使われる材料で、うわものを常に見えないところで支えているものであり、また、大きな台としては、「舞台」というものがあります。観客は、舞う人・演技する役者を見、舞台などには殆ど目をやりません。しかし、舞台がなかったならば、さまになりません。そういうものを『台』

と言うのではないでしょうか。台とはあくまでも縁の下の力持ち、即ち、人目につかない所で大きな力を発揮しているものなのであります。

『おさしづ』では

《台が分からねば、先々皆分からん。親が分からにゃ、子が皆分からん。(中略)台として、事情始めてくれにゃならん》(M27・3・15)

これは何も女性のことだけを言っているのではなく、この場合の台は親であり、婦人だけが親ではありません。男性も親であります。子供にとっての台は親であり、その中で特に母親の方が台的要素を多く持っているから、道の台ということになると悟るのであります。それだからといって、男性は道の台ではないということではないと思います。男親も子供にとっては台であり、子供は親という台の上で舞を舞うのであります。しっかりしたいい台でなければ、いい舞は舞えない、ということであります。

そしてまた、子供のために精神的にも物理的にも舞台を作るということが親として大切なことであり、これがほんとに台としての役目だと思います。台がなければ舞えないし、台が安っぽかったら、踏んだら抜けてしまう。まして台がグラグラしていたのでは舞うにも舞いようがない。これを台無しというのであります。台無しとは「根本的な打撃を受け存立の基盤が失われる様子」を言い、親という良い台が無いと、子供は台無しになってしまいます。私達親々は頑張らなくてはと…。そして、『おさしづ』で言う台という意味は、元、基本、基礎、基盤ということを言っておられます。

《このやしきというはどうでも安心さし、人を安心ささにゃならんが台である》
（M26・11・26）

と。「やしき」とは、勿論「ぢば」でありますが、その理を載いての教会とは、人を安心させる所でなければならないのが基本であり、教会に来ても安堵はなく、心配をさせる。これでは台ではないのであります。

《暖い中に居れば暖いもの、寒い中に居れば寒いもの。この暖い寒いの理を聞き分けず、銘々心の理を働かす処、身の障りの台である》
（M27・12・12）

身の障りの台、即ち、病になる台とは、それは暖かい中にいれば暖かく、寒い中にいれば寒いという当然の理合いをわきまえないこと。そして、自分勝手、銘々の都合の心を働かすところに、身の障りの基盤ができると。例えば、これは冬空の三日月の如く冷たい理という厳しいもの、これは母の如く暖かい優しい情というもの、というように聞き分け、仕分けることが必要で、自分勝手の都合で判断し、喜べない心を使う都合信仰の心が所謂「身の障りの台」であると。故に、しっかり寒暖の理合いを見分け聞き分け、嗅ぎ分け噛み分けねばならないと悟るのであります。

《勝手の好いさしづは用いるなれど、勝手の悪いさしづは潰して了う。第一これが残念でならん。これがどうもならん台である。台の話もして置こう。けつまずく台にもなるやろう》
（M29・3・24）

これとても、乗ったら腐っていて落ちるような台、或いはまた、不必要な所に置いてある台は邪魔になり、つまずくだけの台に譬えて、己の勝手、都合を「どうもならん台」として戒めてくださっているのであります・或いはまた、

《元々台という、台無しに働いてはならん》
（M31・6・3）

台無しに働いても無駄であり、同じ働くのなら懸命にしっかりした台を作らしてもらうような働きはいいけれど、しっかりと的を得てやりなさいと。いけないのは、自分の都合や私利私欲を剥き出しにして働くことで、その反対はと言えば、人を喜ばせ、人を救け、人に勇んでもらうことを基本にして働かねばならぬことを言われていると思うのであります。

《何でも彼でも扶け合いくが台である》
（M33・10・26）

お互いが扶け合って行くことが、陽気ぐらしに向かう台であり、私達は何を目指してこの道を求め歩んでいるかというならば、それは陽気ぐらしであります。そして、日々互いに睦まじく、煩わしきこと、潰し合うようなことがないようにと。

例えば、子育てに関しては、女性は家庭の中にあっては輝いている場であり、輝く時であると思います。また、女性だけがいつも台ではないと思います。それを認め合うことが、扶け合いの台ということではないかと。陽気ぐらしとは、そうしたお互いの扶け合い睦み合いが、基盤となって実現するものであって、それには、失敗を繰り返しながら、訓練、練習を欠かさずにすることで、陽気ぐらしも、訓練なくしてはできないと思うのであります。何事も練習であります。サッカーの選手でも血みどろの練習をしており、歌手でも、「うまい歌手だな、あの人はうまい」と言われるまでには、何十回、何百回と、同じ歌を飽きずに歌っているということであります。時に、私達は陽気ぐらしの練習を毎日どのくらいやっているでしょうか。真の陽気ぐらしをいつでもどこででもできるように、陽気ぐらしの練習・訓練をひたすら積み重ねることであります。

「案ずる」ということ

この教えでは、私達の体は親神からのかりものであり、体は私達自身の力でその働きを左右できませんが、心一つが我がのもので自由であると教えられています。心は同じ現象を同時に見、聞き、体験しても、一人ひとり異なる受け取り方ができるのは、これこそ本当の心の自由であり、同じ場にいても、同じ物を食べても、同じ物を見ても、それぞれみんな違います。それだけ私達の心というものには自由が与えられています。ところで、

月日にわにんけんはじめかけたのわ
よふきゆさんがみたいゆへから　（十四—25）

と、これが無い世界無い人間をお創めくだされた時の親神の思いであります。いろいろとこの道の教えを聞かせていただく時に、私達の身は神からのかりもの、因(もと)と今との縁(つながり)の自覚、親神の下に運び・心で身で金銭・物で尽し、人を救けること、いずまず勇め、案ずるのではなく神に凭れよ等々、事細かに教えてくださっています。これは何のためでしょうか。それは一言で言うならば、みんな陽気遊山・

陽気ぐらしをさせたいためでありますが、私達に与えられた心の自由が、いろいろと陽気遊山に向かう邪魔立てをするのであります。

陽気ぐらしをするには、これはしない方がいい、これはした方がいいと、いろいろと所謂決まりがあります。どんなゲームにも必ず決め事・約束事があり、それがなかったらゲームにならなくなります。ゲームと陽気ぐらしを一緒にするなと言われるかもしれませんが、ゲームはだいたい楽しいもので、不愉快になるためにゲームをする人はいません。しかし、そこには必ず約束事があるように、陽気ぐらしとても同じことだと思うのであります。陽気ぐらしをするにも決まり事があり、成文化した律は法律ですが、二人以上になったら必ず約束事が生まれます。文章にはならないまでも、相手が勇まない、陽気にならないことをするのは止めた方がいい。敢えてそれをすると、約束事が壊れ、相手もこちらが嫌だと思うことをやるのです。そのように決まり事、陽気ぐらしへ向かう決まり事を守る心を定めることが、道を歩む私達にとって大切なことではないでしょうか。

さて、日々何も考えないという人はいないし、人間は一日にどのくらいものを考えるか。高尚な考えから、どうでもいいような考えまでたくさんありますが、普通の人でおおよそ二千回ぐらい考えると言われています。考えるとは「経験とか知識を基にして、未知の事柄を解決しようと頭を働かせること」であり、新しい物を作り出す方法やそれを思いつくことも、考えることであり、或いはまた、相手や自分の将来のことについて思いを巡らすことも、考えることであります。いいことも考えるし、悪いことも考えます。考えるということは思いを巡らすことですから、色々あり、案ずることも考えることの一つでありますが、では「案ずる」とはどういうことなのでしょうか。

「案ずる」とは心配することであり、気苦労することで、自分で自分を苦しめることなのです。先行きに不結果が起こった時のことに思いを巡らし、あれこれ心を悩ますことを「案ずる」というのです。親神は「案じず凭れよ」と教示されています。これまた何故かと言えば、それは案ずると行動が止まり、金縛りになり、陽気遊山の邪魔になるからです。前向きにいいことを考えず、神に凭れようとする心が段々薄くなって行き、親神の思いから離れて行くからです。それ故、神の守護がなくなってくるのです。神から遠く離れて行くと、守護という光も届かなくなるのです。『案ずるより産むが易し』という諺があるように、親神も案じを戒めてくださっています。これほどまでも案じは心にも体にもよくない、やめた方がいい、否、やめなさいとまで命じてくださっています。

《案じて案じ、案じには切りが無い。》　（M20・7・23）
疑いが疑いを呼び、嘘が嘘を重ね、どんどん大きくなっていくように、案ずることも同じことです。

《案じては案じの理が回る》　（M20）

《さあ〳〵一日の日、うたて〳〵暮らす日も、朝とうから心が勇むという日もある。何も案じる事は無い。案じると善い事は思やせん。今日の事案じれば来年の事も案じにゃならん。》　（M22・1・24）

案ずるといいことは考えないし、とめどなく案じなければならないことも示唆されているのです。

《案じあって勇む心はあろまい》　（M22・7・6）

人がいずむ原因の一つに案じ心があり、案じている人は決して勇みません。勇み心を邪魔するものが案じ心であります。神に凭れる心はさらさらないということであり、

《人間というものは、案じが強きという》　（M23・8・11）

と。なんと人間は案じ心が強くなってしまったのかと親神は嘆かれ、人間をお創めくだされ、陽気遊山をするために心は自由に使えとお許しくださった元一日。しかしそれから、私達は色々とほこり心にまみれ、案じ心という心が生まれ育ち、拭い去れな

いでいる。何とかここで人間を創めかけた元一日の思いを教え伝えて、陽気ぐらしの世の中、陽気遊山の日々に早く戻るようにと急き込まれているのであります。

《花という花も綺麗な花でも稔らぬ花もある、実ののる花もある。（中略）真実という理が無くば、どんな事聞いても分からん。どんな事聞いても不足持ってくれんよう。日々どんな事聞いても、この道より無きという。案じ無きよう》

（M24・1・25）

この道しか確かな道はない、しっかり凭れよ、そしてまた、皆何をウロウロしているのだ、何と勇気がないのだろう、何と決断が鈍いのかと…。

《事情によいと思うても悪いこともある。悪いと思うてもいいこともある。一度二度三度まで聞いて思うところ、これと思えばそれで心に押し付けて了うがよい。》

（M30・1・26）

と。何度か聞いて「この教えは素晴らしい、ありがたい、真実の教えだ」と思ったら、「しかし」とか「でも」などと決めかねるようなことはしないで、案じず心に決めてこの道を通る。つまらない疑い深い心を持たず、教えと己の信ずるところを心の中にねじ込み「この道は確かだ」と力強いものを持つことだと思うのであります。みんな度胸がないと暗に言われているように思うのであります。

案じ心の強い人は顔に出ます。人は心配事で生気を失い笑顔が消えて行く。笑顔は誰の笑顔でもいいものです。人間には「笑筋」という犬や猫や馬や牛といった他の動物にはない、人間にしか与えられていない笑う筋肉があり使わないと退化します。それには、案じ心や不足心を断ち切って行かなければなりません。来る日も〱案じているから笑顔が失せていくので、日々陽気に遊山しなさいと親神が私達人間に強く言われているのがよくわかります。

「楽しみ方」を教えるから、真実と思って心に治めなさい。苦労というものは自分の心で苦労するので、考え方をちょっと替えたら苦労もそれほど大したものではない。自分で何事も苦労と思っているから苦労するのだ。「早く分かれ、分かりなさい」と、親の立場である神から見たら、「お前たち、もういいかげんにしなさい」と言っているように思えるのであります。日々飲んだり着たりして、いついつまでも楽しく暮らしていきなさい。それには、自分自身や人に対して悔しい思いや、この先を案じないようにとお教えくださるのであります。或はまた、親神は私達の日々の中で如何に楽しみ方が下手かを指摘してくださっております。

《さあ〱心に掛かりてはならん。心に掛かりて、心に楽しみあらせん。何程物沢山あったて、心に掛かりて楽しみあらせん。浮かむ日無い無い。何程沢山あった

て、楽しみ無い。日々身上壮健なら、何不自由でも不足は無い。》(M34・7・15)

心に何か引っ掛かっていたら、楽しくはない。自分だけでなく周りまでも暗くしてしまう。どんなに物や財があっても、心に蟠(わだかま)るものがあっては楽しみはありません。日々が健康であるならば、何が不自由であっても、不足はないはずであると、私達人間が日日歩む基本をお示しくださっているのであります。

その中で私達がこの道を求め聞かせていただいていて、案じたり悩んだりしているのでは申し訳ないことであり、それでは、どうしたら自らも喜べ、親神にも喜んでいただけるのか、また守護を頂けるのかというと、どんな中ででも親神は、

《これまで道があって道が分からん。広くするなら、広くの心を台として運ばにゃならん。どんな所へも談じにをい掛けて運ぶが道と言う。この事情さえ万事の理に運べば、案じの理は無いもの。》(M28・11・28)

と。

まず教会に運び、それも自分だけが運ぶのではなく、にをいをかけ(布教)ながら、即ち、この教えを伝えながら運ぶ、それがこの道であり、そしてそれが、親神への報恩の道にもなり、今日の日、「今健康でここにいる」という、この素晴らしい事実を噛み締め、先のことを案ずることなく、神に凭れることであります。

「この秋は雨か嵐かわからねど、今日のつとめの草を刈るかな」という歌がありますが、今日という日を案じることなく一生懸命勇んで勤め通る。そして、この秋、雨になるか嵐になるか、それは分からないけれど、今日一日を余計なことを考えずに懸命につとめることが大切なことであり、それがいついつまでも陽気で、心身共に壮健で暮らせる「もと」になるのではないだろうかと思う次第であります。

慎みが世界第一の理

― 慎みと遠慮と羞恥と ―

巷の川柳に「亭主元気で留守がいい」とか、毎朝いってらっしゃいと亭主である粗大ごみを出すのですが、夜はすみませんと言って戻ってくる「粗大ごみ毎朝出すのに夜戻り」とか、或いは「ただいまと玄関開ければ妻上司」というような世の中になってしまい、今の世相は女性が強くなり、優位に立って社会にも進出するのは結構なことではありますが、と同時に、男性には権威もなくなり、女性には慎みもなくなってしまったように思われるのであります。

さて、その「慎み」ですが、現代の世相・社会の中にあって、「慎み」という言葉の響きは、積極性をおさえられた主体性のない、現代社会に逆行するかのように受け取られ、もはや化石化した死語になりつつあり、使われる場も少なくなって、その意味すら的確に把握されていない場合が多いように思われるのであります。その「慎み」を神はどのように言われているかというと、

≪互いくの理は、重々聞かさずくの理は、とんと受け取れん。慎みが理や、慎

みが道や。慎みが世界第一の理、慎みが往還や程に》　（M25・1・14）

と、お互いに、十分納得行くまで聞かさないと受け取ることはできないと。そして、慎みが世界第一の大切な理合であり、いつまでも続く広い往還道であると。

「慎む」というと、何か思いっきりやれない、してはいけないように受け取られがちで、むしろ遠慮という部分と重なるところがあるように思うのであります。この「慎む」ということと、「遠慮」とは非常に似ているところがありますが、大きな違いがあるのであります。「慎む」とは、「調子に乗って過ちを犯すことのないように気をつけること」。そして「度をわきまえて控えめにすること」。例えば、態度・振るまい・言葉とか、或いは、酒などの日々の生活の中での飲食。「遠慮」は「言棄や行動を控えめにすること」という点では慎むと全く同じでありますが、大きな違いは、慎みには「深く敬いを表すこと。深く敬う気持ちを持つこと」の意が含まれ、勿論控えめにはするのですが、深く敬意を表すこと、これが遠慮とは違う「慎む」ということの大切なところなのであります。そして、遠慮とは、「言葉や行動を控えめにすること」は慎むと同じですが、一点大きな違いは「人から勧められたことを、相手を傷つけないように体よく遠回しに断ること」即ち、「慇懃に断る」ことなのであります。ここが遠慮と慎むとの大きな違いなのであります。

先人達はよく、《遠慮は高慢》と言われましたが、思い返してみると、それは自分の断る思いを曲げようとしないで、己を固持して同調、協調しないことを教えてくれているのであります。

『慎みを知って慎まざれば、禍遠きにあらず』

と、慎みを知っていながら、慎まないでいると、遠からず禍に会うという諺であります。

また、

『礼は慎みの至れるなり』　（『十訓抄』）

と。礼を尽くすということは、慎みの心が最も高い形で現れたものなのであると、「慎み」の本意を教えているのであります。

或いは、

『日に一日(いちじつ)を慎め』　（『准南子　人間訓』）

毎日を驕り高ぶらず、控え目にすることが大切であるという戒めの言葉であります。

或はまた、

『耳の楽しむ時は、慎むべし』　（『孔子』）

この楽しむということは、心地よいことを聞く時。例えば、あなたは素晴らしい、あなたはご立派です、あなたはたいしたもんです、というような非常に自分を評価してくれる言葉を聞く時、人の甘い言葉を聞いて快い時は、特に慎まなければならないという戒めであります。

私達はそういう中で、親神の言われている「慎み」を、しっかり心に納めなければならないのですが、

《慎みが理や、慎みが道や。慎みが世界第一の理、慎みが往還》（M25・1・14）

という、この「慎み」はどういう理合かを思案する時に、「控えめにする」ということは勿論ですが、「敬意を払う」「礼を尽くす」ことではないかと悟るのであります。敬い、礼を尽くす。礼を言うことが大切なことだと。そして、

《天然自然という処成程と言う。めん〳〵承知して居れば、どんな慎みも出来る》（M26・5・11）

と私達人間を含め、この天然自然の日々の動きや働き、これは人間の叡智(えいち)や科学やどんなものをもってしても、計り知ることができない大きな働きであるということ。そして、その働きどれ一つをとっても不思議はない。私達が分からないから不思議と言うだけであって、神からすれば一つ一つの決められた運行なのですが、しかし、私達にとってはそれを不思議世界のことと同時に「なるほど」と自覚することが

大切なことだと思うのであります。さすれば、どんな慎みもできると。

また、私達が日々ものを考えたり行ったりする時には、大きな天然自然の理合から比べれば、より一層控えめにしなければならないことなのですが、それをあたかも天下を取ったように、自然を侮り、征服したような思いになりがちですが、日々の素晴らしい天然自然の働きを知れば、未知なことは未知なこととして、なるほどと思えるし、そしてまた己の思うこと行うことなどは、本当にたいしたことではないのだという、控えめな心にもなれるであろうことをお教えくださっているのではないでしょうか。

《慎みの心が元である。明らかというは慎みの心》　（M28・5・19）

とも言われ、明らかとは、「疑う余地も、紛らわしいこともなく、受け取る心・受け取れること」です。それが慎みの心なのだと。

深く敬う心、深く敬意を表すことを慎むと申しましたが、『おふでさき』の中で、「慎む」という言葉では教示されてはおりませんが、

　人のものかりたるならばりかいるで
　はやくへんさいれゑをゆうなり　（三―28）

と、借りていても礼も言わなければ、返そうともしない。それはもはや話の他であり、

慎む心を養い身につけることを教えているのではないかと悟るのであります。そして私達は、親神から素晴らしい五体をお借りし、生きているのではなく生かされているのであって、その大自然の恵みや、人や物の恩恵に対して礼を尽くす。そしたら、利がいる。お借りしている身を返済することは出直し（死）ですから、そう簡単にはできません。すぐ棺桶に入らねばなりませんから、すぐに返済はしなくてもいい。がしかし、利を日々届けさえすればいいのではないでしょうか。利息というと嫌な言葉の響きがありますが、御礼を申し上げ、御礼をすることであります。日々の報恩・感謝とは、そういうことではないでしょうか。それが「慎み」だと思うのであります。慎みとは、深く敬意を表すことなのだと。

今まで「慎み」について、深く掘り下げ、どのように理解されているかは分かりませんが、「慎み」には以上のような深い意味があることを悟る時に、ああそうだ、親神の大恩に対して日々御礼を述べ、御礼をし、日々の暮らしにあっては、親に、主人に、或いは妻に、或いは子供に、或いは身近な人々に礼を尽くすことが、慎みの意味と悟れるのであります。この大事な身をお借りしているという御礼を忘れてはいけません。この御礼を日々親神にさせていただかないと、恩が重なり、慎みのない牛馬にも劣ることになってしまうと悟るのであります。

次に「遠慮」についてですが、神は「慎みが世界第一の理」であり、「遠慮気兼は要らん」と教示されているのであります。遠慮とは、

一、他人に対し、言葉や行動を控えめにすること。

二、(自分の事情や、状況を考え)止めること。辞退すること。
　例えば、「喪中につき新年の挨拶は遠慮させて頂きます。」など…。

三、人から勧められたことに対して断ることの遠回しな言い方。

一般的にこれを「遠慮」と言い、好意は嬉しい、有り難いのですが遠慮させて頂きますと格好はよいのですが、遠慮とは中心が自分にあり、自分の思いや決め込みの強さの現れなのであります。相手の気持ちよりも自分の思いが優先するのであります。先人達は遠慮は「高慢」と諭され、もう少し詳しく掘り下げて見ますと、遠慮は相手に嫌われるのではないか、顰蹙(ひんしゅく)をかうのではないかと言う自己愛の思い過ごしなのであります。その意味で遠慮とは、勿論控えめにしなくてはならない時もありますが、遠慮を神は望まれてはいないのであります。特に教えの上では「遠慮は要らん」と言われており、神一条、たすけ一条の事は後へ引くのではなく、神に関することでの遠慮は必要ないと。

《さあ〳〵神一条の理、たすけ一条の理、遠慮気兼は要らん。…この理何程人が寄

ると も知れん。これが自由(じゅうよう)。聞かせく置きたる、尋ね来る、聞かせ。十分遠慮は要らん。(中略)聞かさねば分からんで。何もたすけ一条の事は後へ引くでない。》

(M21・6・19)

と、私達は相手にこういうことを言ったら敬遠されるのではないだろうか、相手に嫌われるのではないだろうかと自分のことを考えてしまうのであります。神はそれではいかんと申されており、

《遠慮気兼は要らん。すっきり要らん。遠慮気兼はあってはどうもならん。遠慮気兼あっては真の兄弟と言えるか。》

(M24・11・15)

と、相手の立場になって話をするのに遠慮気兼があっては真意は伝わらず本当の兄弟とは言えないと。或いは又、

《遠慮は要らんで。遠慮するから治まらん。神のさしづを受けて遠慮して居ては、さしづ要らんもの。後へ戻る方が多い。何もならんようになる。遠慮するから事が遅れて来るのやで。》

(M28・5・12)

と。私自身はどちらかと言うとあまり遠慮はしない方で、それは何故かと申しますと後になって後悔するからであります。世間でも、

遠慮は腹に溜まらぬ。

と言い、出されたものを遠慮ばかりしていて食べないでいると腹は減るし良くないし、遠慮しないで食べなさい、と。又、

遠慮は無沙汰。

とも言われ、遠慮も度が過ぎると何の挨拶もしないのと同じで、却って失礼になるという人生訓であります。遠慮ばかりしていると相手に思いが伝わらないばかりか、ご無沙汰しているのと同じで、相手の好意でしてくれること、言ってくれることは遠慮なく素直に受け止めることが大切ではないかと思うのであります。

《互に遠慮は要らん。遠慮は追しょうになる。追しょうは嘘になる。嘘に追しょうは大ぼこりの台》（M31・5・9）

と、追従とは、真に思ってもいないのに、本当にそう感じてもいないのに機嫌をとったり、お世辞を言うことであります。私達は、相手の性格や、その時の相手の気持ちを読み取って遠慮することもありますが、言わなければならないことははっきりと言わなければなりません。遠慮ばかりしていては相手には分かりません。

では、遠慮の反対は何かというと、「でしゃばる」ことであり、でしゃばるとは関係ないことや求められてもいないことに口出ししたり、手を出したりすることであります。求められていれば決してでしゃばることではありませんが、遠慮もでしゃばるこ

とも両者どちらもよくないのであります。

職業によっては遠慮をしていたのでは仕事にならないこともあり、この神を信じて本当に通るのであれば、遠慮はいけません。信念にも触れることであり、遠慮をするから神は働かないのであります。

「慎み」とは控えめにするという意味もあり、度合いをわきまえて控えめにすることで、調子に乗って過ちを犯すことのないように気を付けることであります。例えば「これ以上言ったならば、これ以上やったならば相手に迷惑がかかるのではないだろうか」と相手を中心に考え、そして控えることが「慎み」なのであります。しかし、遠慮とは、自分が中心で「こういうことを言ったならば、やったならば、自分は嫌われるのではないだろうか」と自分が中心で、中心が違うのであります。慎みとは、中心・重心が自分以外にあり、それが遠慮と違うところと思うのであります。また、慎みには深く敬意を表す意味があり、慎むは謹むとも書き、「謹んで新年のお慶びを申し上げます」とか「謹んでお受け致します」とか「謹んでお詫び申し上げます」とか言うのであります。

「慎み」と「遠慮」の大きな違いは、慎みと言えば何か消極的で萎縮しているような感じがありますが、神は慎みを好まれ、遠慮は好まれません。慎みとは控えめにするところもありますが、礼をいうこと、敬意を表すことなのであります。敬いを表すことなのであります。

慎みが第一

と神が諭される所以であり、親神様・教祖、そして先人に敬いの心を持って神の道を遠慮なく通ることが大切な事だと思う次第であります。

さて、私達が恥ずかしいと思う時があります。それは所謂度をわきまえないで、控えめにしないで周囲から白い目でみられる、相手にされない、そういう時に恥ずかしいと思うのではないでしょうか。所謂、羞恥、恥ずかしいと思うことであります。

『人間だけが赤面できる動物である。そしてまた、赤面する必要のある動物である』

（トーウェン）

これは恥を知らなければいけないという教訓でありますが、如何に恥を知らない人が多いことか。私達にあっては、この道を聞き、親をはじめ多くの人から丹精を受けていても、礼も尽くさず、人を救ける心もないようなことでは、本当は赤面しなくてはならないということであります。数祖は50年のひながたを通し、また口や筆に「人を救けなされや」と教えてくださり、それを馬の耳に念佛、或いは、焼け石に水、暖簾に腕押しのような通り方をしている私達であるとすれば、それは赤面に値すると思うのであります。慎むどころではない。こんな厚顔なふてぶてしい生き方はないのであります。

ところで、慎みは、控えめにすることでもあるのですが、控え目にしなくていいことが一つだけあります。逆に、決して控えめにしてはいけないこと。それは人を救けるということであります。ところが、控えなくてはならないところを控えず、控えてはいけないところを控えているのが私達ではないでしょうか。この教えは、私達が「慎み」をもって、積極的に人を救けるという道を歩み続けてさえいれば、王道往還から決して外れることはないと教えてくださっているのであります。

疑う心・嘘と思う心

私達は日々、より良き幸せな暮らし（陽気ぐらし）を願い、信仰を積み重ねているのですがしかし、しっかり見据えないと、より良き結構な暮らしとは全く反対の、より悪くなる暮らしに向かって心を使っていることが多々あることを、振り返らねばならないのではと思うのであります。

その一つに、意識こそはしてはいないけれども、知らぬ間に神の言うことを聞かない、信じない、それどころか、神の言うことを疑う、嘘だと思うことが、あるのではないかと思うのであります。疑うことと嘘と思うことは、限りなく近いことでありす。疑うということは、「確かではないと思う、事実ではないと思う、本当ではないと思う、そういうことはあり得ないと思うこと」であり、嘘だと思うことなのです。疑うことと嘘と思う（嘘をつくということではありません）ことは限りなく近く、時には全く同じかもしれません。私達人間社会の親と子の関係においても同じように、親神は、親神に対しての私達のそういう心を非常に残念に思うのであります。

『みかぐらうた』に

ひとのこゝろといふものハ
うたがひぶかいものなるぞ
（六下り目一ツ）

とあるように、親神は人の疑い深い、なかなか信じようとしない心を見抜かれており、私達は皆そういう心を持っていることをまず知らなければならないと思うのでありま す。疑いの心があると、なかなか陽気ぐらしができないから、そういう疑念を取ってくれと。

《疑いには問を思う》と『論語』にありますが、これは、疑わしく思われることに対しては、勝手に独断で判断せず、師や信頼のできる人に聞いて、確かめるようにと、それが大切だという戒めであります。或いは、

《疑いは暗中の人影》という諺がありますが、疑ってかかれば色々恐ろしい妄想が湧いて来て、それに悩まされ、暗闇の中の人影にさえも恐れおののくということで、疑心暗鬼を生ずと。

《落ち武者はススキの穂にも怖ず（恐れる）》

《幽霊の正体見たり枯れ尾花》というように、疑い疑って行くと本当の真実が見えなくなることを意味しているのであります

そこで神は何とおっしゃるか。「一筋心になりて来い」と。この教理さえも疑ったら、

私達は何を信じて行ったらいいのか、何を拠り所にしていったらいいのか、ということではないかと思うのであります。

次に、嘘についてでありますが、人間社会の中では《嘘も方便》という言葉もあるように、時には嘘を言わなければならないこともあります。これは相手を中心にする嘘で、相手に元気や勇気を与え、勇ませ、立ち直らせるため、人を導くための目的として本当ではないことを言う。例えば、あまりうまく出来あがってないのに、「あゝ、うまく出来上がったね」とか、料理でも、たいしておいしく出来てなくても「いやあ、おいしく出来てるね」、あるいは「見栄えがいいね」というように、これは一種の作り話、嘘なのであります。しかし、それは人を勇ませることにも、人を勇気づけることにも、やる気を起こさせることにもなるのであります。人を導くための目的として、本当ではない、作り話をすることを「嘘も方便」と言い、由来は仏教で、仏が衆生を悟りに導くための便宜的手段と言われ、これはいい嘘、いい作り話なのであります。本当のことを言ったら落ち込み、やる気をなくしてしまう。嘘とは、いずれにしても作り話ですが、嘘にも二種類あるということであります。自分を中心にして、自分の身を守る為に、自分を肯定してもらう為に、自分の利益になるような、あることないこと、本当ではない作り話をする、これが俗に言う嘘なのであります。

《嘘は世の宝》とも言い、《嘘も方便》と同じ意味ですが、本当のことを言うよりも事がうまく進む、或いは人を傷つけないですむ、ということであります。いい嘘、人が喜ぶような嘘や追従(ついしょう)は許されると思うのですが、追従とは、媚びへつらうことで、自分の身を守るために、自分の身に利益があるように、相手に媚びる、相手にへつらう、機嫌をとることであります。相手の機嫌を損ねると損をするので、機嫌を損ねないように胡麻を擂(す)るというようなこともその一つだと思うのでありますす。これを言ったらば嫌われるのではないだろうか、これを言ったらば軽視され疑われ、信用を失い、損をするのではないだろうかと、相手の顔色を見る、それは特に人を救ける場合は禁物であります。救かってもらいたいが故に、教えを軸に我を無にして、本当のところを、嫌なことをも言わしてもらうことではないでしょうか。後は方法であります。

《神は嘘と追従これ嫌い》　(M22・3・10)

と言われるように、神に関しては、嘘や追従を言ってはいけない、ということであります。『おふでさき』に、疑うことについて、

けふまでわどんなはなしもたん〳〵と
いろ〳〵といてきたるなれども　(十四―9)

なにゆうもひがらこくけんきたらんで
なにもみゑたる事わないので　（十四―10）
それゆへになにを月日がゆうたとて
みなうたごふてゆいけすばかり　（十四―11）
月日にハ大一これがさんねんな
なんでもこれをしかとあらわす　（十四―12）

と私達人間は、神が言われることを、そんなことが起こるはずがないであろうと疑いを持ち、そんなことはあり得ない嘘だと思う。

しからば、神は私達人間にそこまで思われるなら、その事実をしっかり出してみせる、証しを立ててみると。

いまゝでハ神のゆう事うたこふて
なにもうそやとゆうていたなり　（一―42）
このよふをはじめた神のゆう事に
せんに一つもちがう事なし　（一―43）
だんく\とみへてきたならとくしんせ
いかな心もみなあらハれる　（一―44）

疑うことと嘘と思うことを別々に考えがちですが、それは限りなく近いことであり、神の言うことには千に一つも違うことはない、嘘ではないと断言されており、そして、どんな心も皆現れて来ると。陽気な心でいれば陽気が現れ出て来るし、暗い心でいれば暗い理が出てくると。

いまゝてハしんぢつ神がゆてあれど
うちからしてもうたがうはかり　（十三—62）
此たびハなにをゆうてもうたがうな
これうたがへば月日しりぞく　（十三—63）
この事はあくどいほどもゆうてをく
これうたがへばまことこふくハい　（十三—64）
これから八月日ゆう事なに事も
そむかんよふに神にもたれよ　（十三—68）

月日親神が退くということはどういうことか。それは、私達の身が思うように十分機能し、親神によって護られている、即ち、十全の守護も陽気も全て失われていくことを意味し、そして、親神からのかりものである私達のこの身も、神の自由のはたらきがあればこそであり、その神のはたらき・守護が退いたらどうなるか、不自由が残るということであります。故に、迷わず疑わず嘘と思わず、一筋に神に凭れて行くことを、私達は噛み締めなければならないと思うのであります。

嘘と思うこと、それと疑うということについて『おさしづ』ではどのように教示されているか。

《実と思えば実になる。嘘と思えばなんでもない》（M23）

と、嘘と思えば、この真実の教えも何の意味もなくなり、何の糧にもならなくなると神は言われ、また、

《嘘というは何も旨い事はあろまい。真実というは、真実見えて来る。嘘と思うたら嘘になる。誠思えぱ誠出て来る》（M33・9・9）

と、神の存在や教えに対して嘘と思うことは、けっしていい事はなく、嘘と思ったら皆嘘になって行き、ほんとに「そうだ」と思い日々を通ったら、そういう理が働いて見えて来ると教えてくださっています。そして、疑うことに関しては

《小さい心はやめてくれ。疑ぐり〳〵の心はやめてくれ。ほしい、をしい、うらみ、そねみの心はやめてくれ》（M28・10・7）

《嘘と言えば嘘になる。疑えば疑わにゃならん。疑うから、世界に疑うような事出けて来る》（M29・10・10）

と。そしてまた、この道は、

《銘々心の理を以て寄り集まる理である。これだけ年限尽くした理は、治めにゃなろうまい。悪風の理に混ぜられんよう、悪説に誘われんよう、悪理に繋がれんよう。三つの理いつく混(まじ)られんよう。(中略)今に何処からどんな事情現われるやら分からん。疑い心一つ洗うよりない。遠く所より胸三寸磨くよりは外にあろうまい》

(M30・1・12)

神はこれだけ年限を重ねて尽くした理は、しかと受け止め納めなければならないだろうと。しかし、神は年限を重ねて尽くしたこと(理)は認め治めはするが、もっともらしく言う悪い慣わしや評判、即ち「悪風の理」にかきまぜられないように、また、悪い噂や意見が多くあるので、そういう「悪説」に誘われないように、そして、当然のように思えるが、しかし不自然なおかしな悪い道理、即ち、「悪理」につながれないようにと。この道を疑う心が出て来たならば、その疑い心を洗い、磨くよりほかに手立てはないとお教えくださり、親神は、親としてくどいほど私達を救けたい、真実の陽気に導いてやりたい、結構な日々にしてやりたい、という一念と悟るのであります。真実子を思う親が、不確かな、悪い、駄目な道を歩めと子供に提示するでしょうか。

わかるよふむねのうちよりしやんせよ

人たすけたらわがみたすかる　（三―47）

という神の言葉も、疑うことなく、嘘と思うことなく、疑う心・嘘と思う心を洗い、磨いて、神に退かれないような日々を通らしていただきたいものであります。

人の「勇み」は神の喜び

私達が今あるのは、どなたでもそうだと思うのですが、「元一日があればこそ」と思うのです。この元一日を忘れることなく、常に呼び戻し呼び起こして日々を通ることが、新しい新鮮な心で日々を通れることになるのだと思うのであります。

『温故知新』という言葉があります。フルキヲタズネテ、アタラシキヲシル。道を通る私達にとっても、大切なことだと思います。今日あるのは、元一日があればこそ。その元一日を大事にし、その元一日の恩を深く感ずることだと思うであります。

「恩」という字は、心の上に因(もと)という字を乗せて恩と読み、心から因を忘れてはならないことを意味していると悟るのであります。

人間創造の親の思い

ところで、元一日といえば、親神が私達人間をお始めくださった元一日の思いがあるのですが、その思いを、私達は日々噛み締めているだろうかということが問題です。

月日にわにんけんはじめかけたのわ

よふきゆさんがみたいゆへから
（十四―25）

という親神が人間をお始めくださった元一日の思い通り、私達は日々を陽気に遊山をしているだろうかということであります。この元一日の親神の思いに応えているかどうか。応えていないとすれば、親神に対する「恩知らず」ということになります。親神は「私達人間が互いに相和して、陽気に人生を遊山している姿を見たい、そして共に楽しみたい、それが親の思いなのだ」と訴えかけてくださっているのです。

せかいにハこのしんぢつをしらんから
みなどこまでもいつむはかりで
（十四―26）

とお示しくださっています。この「いずむ」ことの反対は何か。「勇む」ということです。「勇む」とはどういうことかと言いますと「大いにやろうという気持ちになって、頑張り切ること」なのです。勇み立つは、それ以上に、どんな困難にも挫けず、頑張ろうという気持ちが体中に漲ることを言うのです。親神は、この「勇む」ということが大好きなのです。私達からこの「勇む」心がなくなってしまったら、親神の守護はないと思うのであります。

信仰の証しは

私達はこの道を、何故に信仰するのでしょうか。基本的な問いかけでありますが、それは、よりよき人生、より幸せな人生を送るため、陽気づくめのありがたづくめの、いいことづくめの日々であるように、ということだと思うのであります。そういう証し、所謂この道でいう守護、その証しの立て方を親神は教えてやろうということでありますが、しかし、せっかくお教えいただいていても、実践しなければ、この素晴らしい教えも紙屑同然になってしまいます。どんないい学説・いい理論・いい教えであろうが、机の上で読んでいるだけでは、それは一冊の本でしかないし、頭で考えているだけでは何の役にも立ちません。それを日々の中で実践していくことによって、はじめてその学説や理論・教えが生きてくるわけであります。

では、その「証しを立てる」にはどうしたらいいだろうか、ということになりますが、それは「素直にやってみるがいいよ」とお教えくださっているのです。勇むことが大切なのですが、勇めないならば、反対の《何故いずむ》のだろうか、いずむ原因は何か、これを先ず見つけ出さないと解決にはならず、勇めない原因は何か、それをよく見つめたらいいのです。

かみがでてなにかいさいをとくならバ
せかい一れつ心いさむる　　（一―7）

だんだんと心いさんでくるならバ
せかいよのなかところはんじよ　(一―9)
と、勇み・陽気になれる委細を、親神は何のためにお説きくださるのか、それは私達が幸せになるためであり、私達はそれを「素直に聞こう」という心になればいいのです。「ああ、嬉しいな。親神は私達をたすけたい、守護したいとおっしゃっている。ようし、大いにやろう」という気持ちになって張り切ることなのです。
みなそろてはやくつとめをするならバ
そばがいさめバ神もいさむる　(一―11)
いちれつに神の心がいづむなら
ものゝりうけかみないつむなり　(一―12)
りうけいのいつむ心ハきのどくや
いづまんよふとはやくいさめよ　(一―13)
私達が勇まず、「色々成って来ない、成って来ない」と不足がちになり、「神は働いてくれない」と勝手に思いがちですが、その前に、私達一人ひとりが勇まなければならないことをお教えくださるのです。勇む主体は私達自身であり、私達がいずめば神もいずみ、いずむところには守護がなくなって来るということなのであります。

勇めば勇む

《成るよう行くよう、何程思うたとて成りゃせん。天然自然心勇むなら身も勇むという》（M23・9・29）

頭の中で、試行錯誤して「こうすれば、ああすれば」と、色々く考えますが、しかし、体が先に勇むのではなく、心を勇ませれば、体は自然と勇み・躍動し、そうすれば、病でさえも守護しようと、お教えくださっているのです。

《皆勇んで通れば危なきは無い。なれど、はあと思うては危ない》（M25・10・26）

一人ひとりが勇んで通れば、危ないことはない。しかし、一家の中で一人でも案じる者や、はぁ、はぁとため息ばかりついている者がいると、家中が暗くなり、いずんで来ます。「ため息は命を削る鉋かな」という諺の如く、永らえる命をも短くします。

《何でも彼でも勇むように取り替えねばならん。一つの理が治まらぬからいずむ》（M26・1・15）

教えの理合いが分からず、しかと腹に治まらないから、いずむのです。親神は、いずんだらすぐ反省し、立て直しなさいと諭されています。それを来る日もく悩み・いずみ、変らないということは、本当にこの教えが分かっていないということではないでしょうか。痛みが走る。或は、苦しい鈍痛が絶え間なく続く。それでいずむのならばまだ分かりますが、元気でどこ一つ悪くないのにいずむ。

《勇めば勇む。心の理に楽しみと言う。いかなる処も入り込むと言う、守護と言う》（M26・1・29）

と、神は勇むように心の立て替えを促され、守護を約束されているのであります。

《勇んで掛かりてくれ〳〵。勇み無くては受け取る理は無い》（M32・9・15）

守護がない、なんで一層の守護がないのだろうか、何年も信仰しているのにと。それは一点、勇みがないからなのです。あゝありがたい。あゝ嬉しい。運べるということは、健康なお陰なのだ。尽くせるということは、尽くせるだけの力があるからだと、勇むことではないでしょうか。

《仲好くはこれ誠。誠無けねば治まらん。治まれば皆勇む。勇めば神も喜ぶ、という理を諭し置こう》（M32・10・8）

仲たがいをすることは、自分も勇めないし、親神も喜ばないということであり、夫婦でも親子でも兄弟でも、おもしろくない、楽しくないと、不足を言い合っているのは、仲たがいであり、そこには親神の働きはありません。誰でも仲の悪い所には居たくないし、もっと居心地のいい所に行きたいと思います。あぁありがたいなぁ、あぁ、嬉しいなぁ、あぁ、たのしいなぁと言う人の集まる所に、そういう心で日々を送っている人の所へ、親神はいそいそと行かれるのだと、そう思っていただいたらいいと思います。うちはどうかなぁ、私はどうかなぁと、時折、胸に手を当てることが必要かと思うのであります。

《身の内速やかで心勇む。心勇めば身の内障り無きもの。》（M33・6・1）

体がすっきりしていれば、ほんとは、誰でも勇むはずなのですが、私達はどうでしょう。体はすっきりしているのに、心は勇まない。だから、神は勇むように手を入れてくださる。逆に、身の内がすっきりしていなくても、心勇めば身の内に障りなきように守護すると教示されており、身がすっきりしているのに勇まないから、段々と身が詰まって来る。早くそれに気が付き心を立て直し、心を勇ませること。身が詰まって来ても、即ち、少々病んでいても、心を早く勇ませるようにすれば、身はすみやかになってくると、守護の道をお教えくださっているのであります。

私達健常者は日々身の内に親神の守護を頂いており、お互いに相手の心の中は見えませんし、分かりませんが、分かっているのは親神であり、私達自身だと思うのです。さあ、私は勇んでいるだろうか、いずんでいるであろうかと思案していただき、神の守護を十二分に頂きたかったら、先ずは勇むことだと思うのであります。

をやのめにかのふたものハにちくに
だんく心いさむばかりや　（十五―66）
をやのめにさねんのものハなんときに
ゆめみたよふにちるやしれんで　（十五―67）

人の「いずむ」は神の守護もなくす

私達が「勇む」ということは大切な教理ではありますが、唯々勇め勇めと言っても、なかなか勇めるものではないと思います。反対に勇まないということは、特に勇む理由がないか或いはいずんでいるからだと思うのであります。それならば、勇まない或いはいずむ原因をしっかり見つけ、解決しなければ勇むということは到底できないと思うのであります。特にこの「いずむ」ということですが、「いずむ」ということと「勇む」ということは裏腹ではありますが、親神は「勇むはず、勇め」とお説きくださり、その効能を『よろづよ八首』にお示しくださっています。

かみがでゝなにかいさいをとくならバ
せかい一れつ一いさむなり
一れつにはやくたすけをいそぐから
せかいのこゝろもいさめかけ

とお教えくださるのです。

だんく\と心いさんでくるならバ

せかいよのなかところはんじょ　（一―9）

繁盛というと、なにか商売人が儲かることだけを繁盛のように思いますが、それだけではないと思います。我が身が、子々孫々が、そして家々が栄えて行くことも、これも繁盛だと思うのであります。枝葉がどんどん伸びて繁って行く、そういう大きな意味合いがあるように思うのです。その意味で勇むということは、大切なことなのですが、何故か私達はすぐにいずみ入ってしまう。その「いずむ」とはどういうことかというと、自分が望ましくない状態になって、気持ち・心、あるいは体・行動が晴れ晴れしくなくなってくること。或いは、元気がなくなって、やる気をなくし、積極的に取り組む心を失って、憂鬱になること。これが「いずむ」ということであります。初代は「気を出せ」ということを私達に遺訓として残してくださった。やる気を出すこと、或いは、元気を出すことであります。

さて、「いずむ」原因は、その元はと言えば、それは先ず、自分の思うようにならないことがあればあるほどいずんで来るということです。思うことが思うようになれば、誰もいずむ人などはいないと思います。また、自分のことしか考えていないと落ち込むのです。自分のことに捉われていると勇みもなくなるし発展もしないのです。また、高望みをしすぎ、自分の能力を知らず過信し、そのうえ努力もしないから、事態は思うようにならず、そして、勝手に落ち込みいずんで行く。反対に、努力する人は、努力して、たとえ事が成って来なくてもいずまないと思います。中途半端でやらない人に限って落ち込む。また、自分に力がないことを相手に評価されると、それを過小に評価されたように思い込み、力を認めてもらえないことで、嘆きいずんで行く。

また、この道でいう事情、所謂、世界でいえば不幸な出来事ですが、そういうものに遭遇した時、日常の中で、私達は、日々不安を抱き、案ずる心を募らせ、いずんで行く。

また、案じ心の強い人は、勇めないし、いつも落ち込んでいます。それがひどくなると、所謂ノイローゼになって行きます。案ずるということは自分のことしか考えないから、落ち込んで行くのです。とにかくいずむにはいずむ原因があります。

他へ向かって、外へ向かって前向きにものを考えて行く人は、落ち込みません。ところが自分へ自分へと内に向かって考えて行く人は、どうしても憂鬱になって来ると思います。唯々いずんでいるだけでは、なんとなくいずんでいるだけでは、解決にはなかなか結び付きません。なぜいずんでいるのだろうかという原因をしっかり探らねばなりません。

私達よふぼくの場合、何でいずむのだろうかというと、大半は使命である人を救けることをしないか、またはその人救けの成果がちっとも上がらないということでいずみ悩みます。しかし、それは所謂、にをいがけ、おさづけもしていないのに、おたすけが上がらないといずんでいる場合が多いと思うのであります。そんなことでは、何年たっても解決はしないのです。その原因をしっかり見据えて、そしてそれに対処することです。唯々いずんでいては、親神の守護は頂けないと思うのであります。

『みかぐらうた』に、

いつもたすけがせくからに
はやくやうきになりてこい　(四下り目五ッ)

と神は早く救けたいと急いてはいるが、けれど私達はちっとも陽気になってこない。「そばがいさめば神も勇むる」と言うように、先に勇まねばならないのは私達なのです。神が勇むということは、神の守護があるということであり、私達は勇みもしないで、守護を頂きたいと願っている。

やまひのすつきりねはぬける
こゝろハだんだんいさみくる　(四下り目八ッ)

この「根」とは何でしょうか。それは病の元である埃心で、要するに、断ち切れない因縁心や癖のある心ではないでしょうか。そういうものの根を抜いて行くと、心は段々

と勇んで来るのだとお教えくださっているのです。そして、

こゝはこのよのごくらくや

わしもはやばやまゐりたい　（四下り目九ツ）

そうしたら、この世の中は極楽になるのだ、少なくとも、自分の身の周りは極楽になるのだと。それなのに、それも分らず、毎日来る日も〳〵、挨心と因縁心と癖のある心で日々を過ごしているならば、陽気遊山などは到底できません。神の人間創造の目的は、人間の「陽気遊山がみたいゆえから」であることから、私達は日々を陽気に遊山していかなければならず、日々を遊山することが必須条件なのです。

十ドこのたびむねのうち

すみきりましたがありがたい　（四下り目十）

先程申しました、疑心暗鬼・不安・案じ心、このようなことから人はいずんで行くので気をつけよとお教えくださっています。

こらほどに月日の心せきこめど

そばの心わなんでいづむど　（七―48）

はやばやと心いさんでせきこめよ

月日まちかねこれをしらんか　（七―49）

本当に救かりたいという真実の心があるならば、早く救けてやりたいという神の思いはそれを急いているから、どんなことでも願って来いと。親神の心は救けたいとの思いで急いているのに、なぜ人の心はいずむのだろうと私達に訴えかけられ、「早く勇んで来い、それを月日親神は待ち兼ねているのだ、それを知らないのか」と。

要するに、月日親神の親の自由自在の守護を早く見せたい、早く味わわせてやりたいが、それには勇んでこなければ手立てがないのだと。それ故に、どうあっても私達はまず勇まなければならないということが言えると思うのであります。それには、いずむ心のその元を早く見つけ出して、それに対処していくことで、どんな逆境の中も、それをバネにし、それを肥にし、伸びて行く力、力強さ、これこそが信仰の力ではないだろうかと思うのであります。

そういうことからしたら私達はどうでしょう。つまらないことで悩み、つまらないことで愚痴り、つまらないことで頭を痛めて、自分自身を勇めなくしている。そして、親神の守護をむざむざと葬り去っているように思うのであります。目先のことや自分の都合に終始して、喜びの日々をなくしていく私達を親としての親神は非常に残念に思われている。

何が不自由なのか。不自由というのは身体が不自由なのが一番の不自由なのではないでしょうか。金銭がないから不自由だ。たしかに不自由です。物がないから不自由。分かります。けれども、身の不自由が一番の不自由であることを私達はしかと胸に治めなければならないと思うのであります。

《大きな心持って何でもという。小さい心いずむ》（M25・12・24）

なんでも来い。なんでもいいよ。小さい心ではそうはいかないのです。これでなければ駄目、あれでなければ駄目。「ここはいいけど、あそこは嫌だ。この人はいいけど、あの人は嫌だ」というように、小さな心はいずむ種となるのであります。

《いずんで年限は遅れて〱ある》（M34・6・17）

いずんでいると年月ばかりがどんどん流れて年をとり、全てに遅れをとるということを明示しているご神言であります。

《勇めば何処までも勇む。心いずめばいずむ、いつまでもいずむ》（M28・11・9）

《何故気をいずます〱、何もいずみ掛けたら何処までいずむやら分からん。（中略）早く取り替え。いずみ切って了えば、日々が一日もどうもなろまい。取り替え〱。何でも彼でも勇むように取り替えねばならん。一つの理が治まらぬからいずむ。（中略）さあ〱早く取り替え〱。取り替えての話、どうでもこうでもいずました分にゃならん。人間心一つの思やんからいずむ》（M26・1・15）

いずんだらどこまでも際限なくいずんで行き、早く心を勇むように切り替えなさい。いずみ切ってしまったら、日々が、来る日も〳〵が、どうにもならなくなってしまう。「勇む」という理合いと、「いずむ」という理合いがはっきり分かっていないからいずんで行く。勇めばどういう効能があるのか、それも分かっていないのだ。勇めば神の守護、神の不思議な働きがあるのに、ということを教示されており、いずんだらすぐ親神のもとに足繁く運び、勇む方に立ち返れるだけの力、徳を授けていただくことであります。

神は心に乗りて働く

―「七転八倒」と「七転八起」―

私達が病んだり（身上）、或いは、思うことが思い通りにならず、不都合が起きてどうにもならない（事情）時、それは自分自身だけでなく家族や周囲に関しても、そんな時私達はまず「困った」、そういう表現をすると思うのであります。そこで『七転八倒』（何度も転び倒れる）しなければ駄目だと思うのであります。苦しみのあまり、あちらに転がりこちらに転がり、七回転んで八回倒れる。中国の古い話に、ある修業僧が可弘禅師に「この道さえ歩いてゆけば、絶対に間違いのない真実の道とはどういうものでしょうか」と問い掛けたところ、『七転八倒』と答えたそうです。転んでは起き、起きては転ぶ。転びっぱなし、倒れっぱなしであります。反対に『七転八起』という言葉があります。「七転び八起き」といった方が分かりやすいと思いますが、両者共通点をもっていると思います。人間が一生懸命何かをやろうと努力するかぎり、「これでいい。これで終わりだ」ということはないと思います。本当の努力家は、その上にまた「なんとか」と努力を重ねるものであります。努力をしているかぎり「これでいい」

とか「これで充分なのだ」ということはなく、大義に向かって「まだまだ」いつでも未完、不完全であるという思いがなくてはならないと思います。特に信仰を求め、求道する上においては、この気持ちがないと先へは進まないのであります。

さて、『七転八倒』と『七転八起』の共通点は何かというと、転がる、倒れるということで、それは動いていなければ起こらないし、同様に、起きることも、動いて転ぶということがなければ起き得ない。それ故に、八起することを前提として、『七転八倒』することが大事であると申し上げたいのであります。「今も未完で、完成していない、まだまだだ」という気持ちで七転八倒することが大切であり、転がるも倒れるも、動いていなければ起こらない。「寝ていて躓（つまず）いたためしはない」のであります。病で寝ていれば転がることも躓くこともない。がしかし、私達が歩き続けるかぎり、様々なことに直面し、いろいろと失敗もし、倒れることもあるということであります。その意味で、可弘禅師は『七転八倒』と言ったのではないかと思うのであります。つまり失敗の連続、それが真実の道であり、その奥の意図するところは、ひたすら「動け」ということを言われているのではないかと悟るのであります。

私達は、体が転んだ時はすぐ起きようとします。がしかし、心が倒れた時、転んだ時、起きよう、立ち上がろうと努力する人がどれだけいるでしょうか。これが問題であります。第三者が見たら「あなたの心は倒れている・転んでいる・だから立ち上がりなさい」と言い、親神は《神は心に乗りて働く》と言ってくださるのです。転び、倒れても、起きようという心がなかったら、神は手を貸そうにも貸しようがありません。転んでいてていい、つまずいていてていい、しょうがないという心、立ち上がろうとする心がない人には神は働かない。

《この道は、常々に真実の神様や、教祖や、と言うて、常々の心神のさしづを堅くに守る事ならば、一里行けば一里、二里行けば二里、又三里行けば三里、又十里行けば十里、辺所へ出て不意に一人で難儀はさゝぬぞえ。後とも知れず先とも知れず、天より神がしっかりと踏ん張りてやる程に》（M20・4・3）

また、

《我が身捨てゝも構わん。身を捨てゝもという精神持って働くなら、神が働く、という理を、精神一つの理に授けよう》（M32・11・3）

とも力強くお示しくださっております。

私達は間違いと誤解と錯覚と、勝手の判断で日々を過しています・親神の真の思いをしっかり掴まないと、なかなか守護はいただけない。「我が身捨てゝも構わん」とは、例えば、具合が悪いけれどもしっかりつとめる。その最中に、もしや倒れてもそれでもいいという心でつとめる見事な、壮絶なる信仰。ところが、倒れたら他に迷惑になる、倒れたら具合が悪い、みっともない、そういう思いが先行してもう一歩が踏み出せない。これは「我が身どうなっても構わん」という心ではないと思うのであります。「身を捨てゝもという精神持って働くなら」そこに神が働き、倒れるような事はない守護を確約してくれているのではないでしょうか。私達にはどうも自分の都合・勝手を優先させることが多いのです。勝手な判断・都合の判断が多く、神はここではっきりとそれを私達にお促しくださっているのであります。

《神は心に乗りて働く》から《七転八倒》しなさいということだと思うのでありま す。まず転びもがくことが大事です。転ぶには、一生懸命に動くということが大切です。例えば、「都合が悪いからつとめられない、運べない」と言う人がいます。だから、何とか都合をつけて運んでつとめて守護を頂きたいというようにならないと、七転八倒の意味がないと思うのであります。七転八倒とは、「…だから何とかく」ではないでしょうか。例えば、病んでいて勇めない、それは当然であります。神も、

《身上不足なれば、心勤めとうても、身上が勤まらん。身上が勤まらにゃ心も勤まらん》

(M32・10・27)

とはっきりと明示されています。身上不足ということは身を病むということで、だか

ら何とか守護を頂いてつとめたい、だから何とか守護を頂いて勇みたい、というこの「何とか」が七転八倒なのではないかと思うのであります。また、なかなか都合がつかず、徳積み・報恩ができない。だから何とか捻出して徳積み、或いはご恩報じをして金銭の守護をいただきたいと、「だから何とか」という七転八倒。教会でしたら、教勢が奮わず、人の手がそろわず賑やかでないと思いがちであります。そこで、「だから何とか」にをいがけ・おたすけをして、人の集まる守護を頂きたい。これが七転八倒ではないでしょうか。要はあまり七転八倒していないのです。何も体での七転八倒だけを申し上げているのではなく、心での七転八倒をしていないのではないかと思うのであります。痛いから動きたくない。悪いから動けない。これは当然でありますが、「悪い、痛いから『だから何とか』リバビリをして治そう」というのではありませんか。リハビリは何のためにするのか。痛いから、悪いからであります。眠いのも同じで、眠いから起きられないのではなく、眠いから「だから何とか」身を奮い起こして起きようと。眠くなかったら、誰でも起きられるのです。疲れているから駄目だではなく、「だから何とか」身を奮い立たせて立ち上がろうと。これを私は『七転八倒』することと悟るのであります。その意味で、七転八倒せず楽を求める人が多い。七転八倒している人には魅力があります。何とか打開しよう、何とかという気持ちが失せてしまったら、私達はほんとに魅力のない生き方しかできなくなってしまうのではないかと思う次第であります。

《さあ〳〵、人間の誠の心の理が人の身を救けるのやで。さあ〳〵、人の誠の心が我が身救かるのやで。皆々めん〳〵もこの理を心から聞き取りて、我が身が救かるのやで》（M21・8・9）

七転八倒し、七転八起しようと努力し続けていく心があって初めて《神は心に乗りて働》いてくださるのだから、何とか人を救けたい、何とか守護を頂きたい、何とか〳〵という心をつくり、その心に神は乗って働いてくださるので、神が乗って働いてくださる心をつくることが大切なのではないでしょうか。願うだけでは、神は動かないという、願い通りの守護ではなく、心通りの守護ということを私達はお教えいただいているのであります。

私達に何とか陽気ぐらしの日々を歩んでほしい、歩ませたい、これが親神の思いであり、病んでいたら陽気ぐらしなどはほど遠いのですから、病んでいる人には何とか早く守護をいただいて陽気ぐらしの道を踏み出してもらいたい、そして、不自由のない私達に対しては、それにどうか手を貸しその親の思いを伝えてほしいと親神は望まれているのであります。これこそが救けの「実働」の真意であると思う次第であります。

『七転八倒』も『七転八起』も、動いていればこそで、寝ていては躓かないかわり、身辺も様相も変わることなく、むしろ後退するばかりであります。躓いたり転んだりしながら、立ち上がり、飛び越せたりすることが、この上ない喜びになるのではないでしょうか。

心一つ

― 心次第・胸次第 ―

親神は何故私達に病（身上）、或いは煩わしい事情をお見せくださるのか。言うまでもなく、親神の子供としての私達に、親は子供を苦しめるために病や事情をお見せ下さるわけではありません。生き生きと陽気ぐらしが出来るように私達の心を作る上から身上を、事情を見せられるということだと思うのであります。病や事情を通して心を作る、そういう糧にしなければ親神の本来の真意が分からないということになるのであります。身上を頂いて「信仰しているのに」或いは「日々一生懸命やっているのに」と、「のに、のに」と言うことでは、不足こそ残り、何の意味もないのであります。事情を見せられても意味がない。それは何故かというと、陽気に向かう心を作ってもらいたい、心を作るという親神の切なる願い、その意味で『心一つ』ということを私達はお教えいただいているのであります。

心とは、私達は「心が軽い、心が重い、心が弾む、心苦しい、心にもないことを」

と言ったように、日々心というものを言葉で表現しているのですが、心には色も形もありませんが、形にはしっかり現れ出て来るのであります。「心」は、人間の永遠のテーマであり、文学・哲学・宗教・芸術等、総て心に関わっているのであります。心が総てと言っても過言ではないと思うのであります。

それでは神は、心というものをどのようにお教えくださっているかというと、『おさしづ』に、

《さあく\だんく\の席く\、返やしく\の席、又一日の日の席、席に順序の理、生涯の心持ちての席。生涯の理を諭すには、どうせこうせいとは難し事は言わん、言えんの理を聞き分け。人間というものは、身はかりもの、心一つが我がのもの。たった一つの心より、どんな理も日々出る。どんな理も受け取る中に、自由自在という理を聞き分け。常々誠の心治めば、内々睦まじいという理を出ける。それ世界成程と言う、成程の者やと言う理を出ける》

（M22・2・14）

と、教示され、いいことも悪いことも、楽しいことも面白くないことも我が一つの心より出るということであり、その中に「自由自在という理を聞き分け」よと。自由自在とは、誠の心があれば、思うように事が思う通りになる理を授けると。それは私達の心次第であることを明示されているのであります。私達、身は神からのかりもので

ありますが、心は我がのもので、それぞれが自由に使っていいのであります。

さて、「心一つが我がのもの」と心の自由を許されているのですが、心の自由を許されているということは、極端に言えば、人を救けたいとも思えるし、反対に人を殺したいとも思えるというように、自由に使うことを親から委ねられているということであります。親神は人間が自らの心で、自主的に陽気ぐらしをするようにという上で、心の自由を認めているのであります。しかし、親神の人間創造の本来の目的から外れると、体は神からのかしものですから、神は自由に手を入れる、ということでありま す。自由とは、主体的な意志や判断に基づいて言動が認められる権利ですが、その反面、責任も取らなければならないということであります。簡単な理屈ですが、自由ですから、行きたい、行きます。帰りたいと思ったら自分で帰って来なければならない、ということですが、ところが、責任をあまり取りたがらないのが私達人間であります。自由に勝手に心は使うけれどもその責任は取らない。が故にそこに不足が生まれて来るのであります。『みかぐら歌』十下り目に、

七ツ　なんぎするのもこゝろから
　　　わかみうらみであるほどに

と。誰の心が難儀するのか。それは自分の心で、隣の人の心ではありません。我が身

の、自分自身の恨みであることをお教えくださっているのであります。また、

十ド　このたびあらはれた
　やまひのもとハこゝろから

と、誰の心、自分の心であります。逆を考えてみてください。「なんぎするのもこゝろから　わがみうらみであるほどに」と神は「なんぎ」する因(もと)を指摘し、教えてくださっているのですが、私は「なんぎしないのも心から、うれしたのしであるほどに」と、これを考えよと神は望まれ、それで「なんぎするのもこゝろから　わがみうらみであるほどに」とお教えくださっているのであります。「なんぎ」だけを考えるから重くも暗くもなるのですが、神はヒントを与えてくれた。そのヒントから「なんぎしないのも心から」と。また、「やまひのもとハこゝろから」と病の因を教えて下さっていますが、「守護のもとも心から」です。毎日健康という神の護りを頂いている。そして、いろいろの煩わしい事情というもののない守護を頂いてる。或いは病んでもすぐに守護を頂く、いろいろな事情もすぐに解決していただく、「頂いた頂いている守護のもとは心から」で、「ありがたい、ありがとうございます」と、自分自身の心の切り替えられたことを喜び、感謝していくことが、明るい陽気につながる「心一つ」ということではないでしょうか。

《人間というは残らず神の子供。救からんやならん処の理より、救からん処の理を聞き分け。心一つの理であるく〱》（M22・9・21）

と、救からない救からない、神はちっとも救けてくださらないということではなく、我が心の、要するに心一つの使い方が救からない方向に向かっているから救からないので、神は私達を皆残らず神の子供として、救けたいと。しかし、なんで救からないのだろうか、なんで守護を貰えないのだろうか、そういう理合をよく見つめよと。視点を変えて、救からないのではなく、救からない因は何だろうかと。それは「心一つの理合である」と、即ちそれぞれの心で、隣の人の心ではありません。一番関わりあっている自分の心一つにあることを『おさしづ』くださっているのであります。

《どんな暗がりの中でも、心一つで通れる。どんな明るい中でも、心が無けりゃ通れようまい。（中略）だんく〱世界、幾重の道も出ける。誰がどうするでなし。自然と出来て来る。（中略）どうでも連れて通る。連れて通るには、心に理が無けねばどうもならん》（M24・5・29）

と、端的に言えば、たとえ病んでいても、難しいことではありますが平常心で通れるし、逆に身が壮健であるとしても、心一つによっては悩み・苦しみ、身は朽ち果てて行くと悟ることができるのであります。たとえ病んでも「ああ、これは神の病を通しての心の手入れなのだ、ああ、これは私に心の立て替えを知らしめてくれている神からのメッセージなのだ。ご守護なのだ」と、心一つであります。私達が親神から自由に使うことを委ねられているたった一つのこの心に、天理に沿う理がなければ何ともしがたいと。

《心一つというは優しい心もあれば、恐ろしい心もある。知らずくの心もある。
どんな事見せても、人の事のように思てはその日限り、あれはあれだけと思えば、
それまでのもの、》（M25・1・13）

と、優しい心はいいですが、恐ろしい心とは、例えば「殺してやりたい！」ぐらいに思う心もあり、また「知らず知らずの心」もあると。要するにあまり気に止めない、奥の奥の深い所の意識、心の深い所での心があり、無意識のうちに使っている心、癖・性分とも繋がってる部分があると思うのであります。また神が、どんなことを見せても、これは自分には関係のないことと「人のことのように思うてはその日限り」と、要するにその場限りになり、無意識になると。それもこれもみんな心一つなのだと私達にお教えくださっているのであります。諺に、

『憂は心にあり、喜も心にあり。憂喜は心にあり』

と、憂うるも喜びも心の持ち方一つ、即ち心一つということを教えてくれているので

あります。或いはまた、

　『疑いの心より鬼を出だす』

「疑心暗鬼」のことで、疑いを持って不安でいると、暗闇の中でありもしない鬼の姿を見たり、何でもないことまでもが恐ろしく思えたり、疑わしく感じられたりすると。疑心暗鬼とはそれも心なのです。疑心という疑う心、それが暗闇の中へフト鬼を出して来る。鬼などいないのに、自分の心が鬼を出して来る。癌でもないのに、癌ではないかと不安に思う。誰がそのように思うのかと言えば、我が心一つであります。疑えば、鬼が出て来る、疑えば癌も出て来る。しかし、おたすけをしていれば、人さえたすけていれば、安心なのであります。

　　わかるようむねのうちよりしあんせよ
　　人たすけたらわがみたすかる　（三―47）

と、神は私達に諭しているのですから、余計な疑心を持たず、信じ、凭れて、「そうだ！人救けすりゃいいんだ」と、ややこしい時はそのように素直に思う、そして実行する。それが大切なことなのであります。或いはまた、

　《案じては案じの理が回る》

とも

《案じあって勇む心はあろうまい》
ともお教えくださっているように、案ずれば次から次へと、その案じがまた案じを増幅させ、

『心で心を悩む』

と。自分の心が悩むのは、自分の心が悩ましていると言われる所以であります。反対は、

『心で心を取り直す』

と、自分の心で自分の心を立て直して行く、親神はそういう心の自由を与えてくださっていて、そしてその定規は何かと言えば、教えに沿って心を取り直して行く。落胆した心を自分で取り戻して行く。それも心一つなのであります。格言に

『心の仇は心』

と、我が心の敵は我が心で、不足や愚痴ばかり言っている心は、喜ぶ心や陽気心に対しての敵であります。これは隣の人が相手ではないのであります。我が心の片隅に、喜びたいという心があるにもかかわらず、それを喜ばせない我が心の敵が宿っているので、だから「心の仇は心」と言っているのです。自分の心を傷つけるものは、自分自身の心なのであります。

要は、私達の心一つで、喜ぶことも勇むこともできるし、悩みも苦しみもするし、私達一名一人の心一つであること、それをしっかり胸に治め、心一つでご守護が頂けること、そして親神はそれを待ち望まれており、明るい心、感謝の心、喜びの心、感激の心も私達の心一つであることを銘記して、日々を陽気にくらしたいものと、祈り、願う者の一人であります。

病むほどつらい、苦しいことはない

― 四苦八苦と病について ―

私達はこの教えを陽気ぐらしの教えと聞いておりますが、あまりにも耳に慣れすぎてしまって、陽気ぐらしとはどういうことかが分っている人は少ないと思うのであります。

《めんく勝手の陽気は通るに通れん。皆んな勇ましてこそ、真の陽気と言う》との神の定義があり、また、陽気ぐらしを「陽気遊山」とも「陽気遊び」とも言い、どんな遊びにも規則があり、規則のないゲームはないように、「陽気遊び」にも当然規則があり、その規則違反をすると陽気遊びは出来なくなるのであります。

そこで陽気ぐらしを阻害するというか、陽気ぐらしが出来なくなる原因の一番目に挙げられるものは、何といっても「病」ではないかと思うのであります。健康の人には分からないかも知れませんが、どこか病気になれば不安や心配が募り、他のことはどうでもよくなり、陽気ぐらしどころか、「神様助けて下さい、何とかお願いします」と、このようになるのであります。

仏教では「生・老・病・死」、これを「四苦」と言い、私達はよく「四苦八苦」と言いますが、その「四苦」の中に「病」が入っております。「生」が何故苦かと、それは私達が「生」を享け、「生を享けた私達が永遠の生を求めようとし、その生が有限で、永遠に生きることが不可能であることを知った時、苦が生まれる」と、仏教では言うのであります。そして老いることの悩み、苦しみですが、老いは楽しめばいいのですが、それがなかなか難しいことで「若いですねえ」と言われて怒る人はいないように、それほど老いるということは苦痛なのであります。これも仏教では「苦」の一つとするのであります。それから「病」であります。

体は病の入れ物。人間は病の器。

と言う如く、人間ぐらい多種多様の病の器はありません。そして世に言う「死」、この四つを「四苦」と言い、その他に四つ

「愛別離苦(あいべつりく)」愛するものと離別する苦しみ。どんなに愛しても、思いを込めた人でも必ず別れなくてはならない日が来るという苦しみ。

「怨憎会苦(おんぞうえく)」怨みのある人や嫌いな者、会いたくもない人でも会わねばならぬ苦しみ。これが夫や妻や親子でしたら悲劇であり、毎日が地獄であります。

「求不得苦(ぐふとくく)」得たいものをいくら求めてもそれが満たされない苦しみ。

求めたいものが得られたら、またその次に求めたいという人間の限りない欲の苦しみ。

「五陰盛苦(ごおんじょうく)」人間の肉体的な生存そのものの苦しみ。

仏教はこの道の教えと違って、私達の生きているという「生」に対する苦しみから始まりますが、「生老病死」も生が有限であるが故にそこに苦しみが生まれるのですが、この教えはその生を楽しめと。仏教では「四苦」と「四苦」を合わせて「四苦八苦」と言い、「生老病死」という人間の基本的な苦しみから如何に解脱、解放することから始まっているのであります。そして、それ等の苦を何とか超越していこうと山に篭り、修行を積み、悟りを開き、長い歴史の中で幾多の宗祖、開祖が出ているのであります。

では、私達は何故病が怖いのか。それは「死」に繋がるからであり、死の経験を重ねることができず未知のこと故に怖いのであります。経験があれば怖がることはないのですが、誰ひとりとして分らないし、死者からも何も聞けないから不安であり、恐怖なのであります。

中国の宋の園悟克勤(えんごこくごん)は園悟語録で死について次のように言っています。

『生はその人の一瞬の生命の連続であり、その生の延長に死がある。死も一瞬の生命の働きである。

生の充実への繰り返しが死の恐怖をのり超える唯一の道である。経験もしない死を恐れおののくより、今、ここで生の充実をまっとうすべきである。』と。

相田みつをの

「今、ここ、自分、その合計が自分の一生」

という言葉を想い出さずにはいられません。

ところで「病む」ということは死と直結するから恐怖なのであり、不安に思えるのですが、親神は「病というは　さらにない」と教えております。私達人類が便利さを求めて勝手気ままに生活をし、自然を破壊するから、公害という形で地球が病気になってしまう。それと同じように私達が自分達の都合や勝手気ままに生きるから病気という跳ね返りがくるのだと想うのであります。

この道で教示されている病の原因は五つあるように思えるのであります。

第一は親神の思いを教えたいという、神の道教せ、教えへの手引き故の病であります。

なにゝてもやまいいたみハさらになし
神のせきこみてびきなるぞや　（二―7）

しやんせよやまいとゆうてさらになし
神のみちをせいけんなるぞや　（三―138）

一寸したるめへのあしくもできものや
のぼせいたみハ神のてびきや　（三—139）
むねあしくこれをやまいとをもうなよ
神のせきこみつかゑたるゆへ　（三—103）

と、それはやがて「よふぼく」（救け人）になり、また「救けづとめ」のつとめの人衆になってもらいたいという神のせきこみによる手引きということであります。これが親神の目的で、病という形に現して、その目的は病ませることではなく、この教えを知ってもらいたいということであります。

二番目は陽気ぐらしへ向う「心えちがいのみち」があり、病という形で教えるから早く心を立て直せということであります。

このもとをくハしくきいた事ならバ
やまいのをこる事わないのに　（三—93）

この教えをしっかりと聞き分け実行していくならば病の起こることはないと。

なにゝてもやまいとゆうてさらになし
心ちがいのみちがあるから　（三—95）
このみちハをしいほしいとかハいと

よくとこふまんこれがほこりや　（三―96）

と、教示され、陽気ぐらしの邪魔だてをする埃心を早く掃除することなのであります。神意に基いて何の心え違いかを模索し、或いは問い尋ねて反省をし、素直に修正に向かって埃心を掃除して、それを実行していくことであります。また、

これをみよせかいもうちもへだてない
むねのうちよりそふぢするぞや　（四―108）
このそふぢむつかし事であるけれど
やまいとゆうわないとゆてをく　（四―109）

と、誰であろうが神からすれば人間は皆一列兄弟であり、神の守護を頂けるのですが、ただ手を合わせてお願いするだけでは実はなく、そこに実行が伴わねばなりません。三番目は「神の自由の働き」を知らしたいからで、その働きをまだ疑っているならば、試しをしてみよと。

これからハいかなむつかしやまいでも
心したいになをらんでなし　（五―13）
しんぢつの心を神がうけとれば
いかなぢうよふしてみせるてな　（五―14）

これほどの神のしんぢつこのはなし
そばなるものハはやくさとれよ　（五―15）
どのよふな事でも神のする事や
これをやまいとさらにをもうな　（五―22）
なにもかもしんぢつ神のぢふよふを
しらしたいからしてみせるでな　（五―23）

と、神の自由自在の働きを実感してもらいたい、分かってもらいたい、それ故に病という印をつけけるのだと。

いまゝでハやまいとゆへばいしやくすり
みなしんバいをしたるなれども　（六―105）
これからハいたみなやみもできものも
いきてをどりでみなたすけるで　（六―106）
このたすけいまゝでしらぬ事なれど
これからさきハためしゝてみよ　（六―107）

と。

四番目は、神の用向きがあるので、守護を頂くべく救け一条という神の思い望む道に進むことであります。

いかなるのやまいとゆうてないけれど
みにさわりつく神のよふむき　（四—25）
よふむきもなにの事やら一寸しれん
神のをもわくやまく〵のこと　（四—26）
このつとめなにの事やとをもている
せかいをさめてたすけばかりを　（四—93）

と、この「救けづとめ」のための人衆がほしいから病という印を付けるのであります。

にちく〵にはやくつとめをせきこめよ
いかなるなんもみなのがれるで　（十—19）
どのよふなむつかしくなるやまいでも
つとめ一ぢよでみなたすかるで　（十—20）

と。

五番目は、

くちさきでなんぼしんぢつゆうたとて
きゝわけがないをやのざんねん　（十四—75）

それゆへにをやがたいない入こんで
とんな事をばするやしれんで　　（十四―76）
とのよふなせつない事がありてもな
やまいでわないをやのさねんや
やまいとてせかいなみでハないほどに　　（十四―77）
神のりいふくいまぞあらハす　　（一―25）

と、たすけ一条の或いは陽気ぐらしをする使命があるにも拘らず、それが分からない、聞き分けがないからやむなく神が体内に入りこんでどんな事をするやしれんという神の残念、立腹であります。

いまゝでも神のゆう事きかんから
ぜひなくをもてあらハしたなり　　（一―26）

と、切ないまでも親が我が子を思い、叱責するように、是非なく思ってやむにやまれず病という印をつけると。

これほどの神のざんねんでてるから
いしやもくすりもこれハかなハん　　（一―27）

と以上、私達の病の原因はこの五つの中のどれかに当てはまり、早く悟って病を避け神意を受け止めていかねばならないと思う次第であります。
　みかぐら歌の二下り目に、
　　七ツ　なんじふをすくひあぐれバ
　　八ツ　やまいのねをきらふ
と、世の中には身で難儀不自由をしている人がたくさんおり、そういう人達を救けていけば、我が身も救かる自分自身の病の根をも切ろうと、即ち人救け、「おたすけ」をすることであります。自分の時間や思いを人にあげることですが、時には、約束を破られ、反抗され、悪たれをつかれ、裏切られる場合が多々ありますが、これがおたすけであります。それを乗り越えて誠真実を尽くしていくところに、それ故神が受け取ってくれるのであります。おさしづに、
《身はかしもの、心一つ我がものと。神は不足な身上は貸したやない。身上に不足あると思うは違う。皆心の不足を身に現われるのや。（中略）心通りを皆身の内映る処を思やんせねばならん》（補21・9）
と、身上、即ち病に現れてきたならば、我が心通りのことが身の内に病というかたちに現れてきたのだと。
《早く心を取り直せ。一夜の間にも心入れ替え。誠真実という心定めて、三日の日

を切りて試せ。しっかり定めば、しっかり見える》
（補21・9）
《さあ〳〵心に掛かりてはならん。心に掛かりて、心に楽しみあらせん。何程物沢山あったて、心に掛かりて楽しみあらせん。（中略）日々身上壮健なら、何不自由でも不足は無い》
（M34・7・15）

と、どんなに物に恵まれていても心に重く引っかかることがあれば楽しみは無いと。心にわだかまりがなく、心に何もひっかかるものがない、そして身は壮健であること。あれも足りない、これも不自由している中でも、身が壮健であるならば何が不自由であろうとも不足は無いはずであると、神は私達に身の壮健の最高の喜びと結構なことを噛み締めてもらいたい、分かってもらいたい、そして陽気ぐらしをしてもらいたいと、親として願われているのであります。陽気ぐらしといっても抽象的でなかなか分かりにくいのですが、陽気ぐらしとは日々を一人ひとりが機嫌良く、生き生きと生きることではないでしょうか。

機嫌が悪いということは、自分自身も不快であり、周囲の人達にも気を使わせ、迷惑なことだからであります。それには自分自身に重心を置くことなく、自分以外に、相手に重心を置いていくように心掛けねばと思う次第であります。

「誠」を思案する

私達道を通る者にとって、『真実誠』ということを聞かない日はないと思います。常日頃から聞き、また、自らも話をするこの『誠真実』についてですが、『真実誠』とは、遠い所でキラキラ光っていて手の届かないものではなく、私達の身の回りに常にあるということを先ず申し上げておきたいと思うのであります。

ちなみに、誠とは辞典に「相手のために尽くそうとする真情以外に不純なものが全く含まれていないこと」とあります。また、誠意とは「自分の良心の命じるままに動き、相手の気持・希望・立場などをくみ取ってまじめに事に当たる気持」で、誠実とは「言動に嘘・偽り・ごまかしがなく、常に自分の良心の命ずるままに行動する様子」をいうとあります。こう見ただけでも、誠とは、自分のことにではなく、自分以外の相手にたいして使う心を意味するものであります。

この教えでは、この誠真実ということを非常に強く、しかもあらゆる所で教えてくださっています。誠の心がこの教えの基盤とさえ言える節すらあり、親神が人間に与えられた心の自由の、一番輝きのある一番大切な心の一つがこの誠の心だと思うのであります。心には、欲の心、高慢の心、恨みの心などいろいろありますが、誠の心とは、私達の魂に一番輝き・精気を与えてくれ、魂に喜びを呼び起こしてくれる心の一つだと思うのであります。誠真実のある人は精気があり、その人の目は煌々(こうこう)と輝いていると思うのです。目は心の窓とも言うように、そういう心が写り出て来るし、逆に、欲にまみれたり、我身思案に埋没しているような人の目はくもり、濁って精気がなくなると思うのです。

《それ人間という身の内というは、神のかしもの・かりもの、心一つが我がの理。心の理というは、日々という常という、日々常にどういう事情どういう理、幾重事情どんな理、どんな理でも日々に皆受け取る。(中略)救ける理が救かるという。》と神は「おかきさげ」の中で、良き心も悪き心も日々みんな受け取ると言われ、《受け取る中にただ一つ自由という一つの理》自由(じゅうよう)という理は我が思いが思いのままにご守護いただける、そういう理合ですから、救かりたい、結構にしていただきたいという場合、そうなって来る理を自由の理と言い、《ただ一つ自由という一つの理。自由という理はどこにあるとは思うなよ》この自由という理合いは《ただめんめん精神一つの理にある》、私達の心にあるのだと。遠い所、他の所にあるのではなく、私達一人ひとりの心の中にあるから、それを引き出して行くか、行かないかは、私達の心一つにかかっているのであります。《日々という常という、日々常に誠一つという》と、誠真実を持って、人に、事に当たれば、自由という理は頂けることをお教えくださっています。誠は目に見えませんから、唯物的な人は、そんな目に見えない確証がないもの、と言うと思います。しかし神は《誠の心と言えば、一寸には弱いように皆思うなれど、誠より堅き長きものは無い。誠一つが天の理。天の理なれば、直ぐと受け取る直ぐと返すが一つの理》と、この誠の心というものを親神はすぐと受け取ってくださり、そして、すぐに返してくださる、そういう天の理合であります。この誠の心を持たず、磨かずに、この道を求道しても、なかなか守護が頂けないと思うのであります。《又一つ、一名一人の心に誠一つの理があれば、内々十分睦まじいという一つの理が治まるという》。家々や親子、兄弟や教会がどうもしっくり行かない、ゴタゴタしているということは、この誠真実がないからなのではないでしょうか。誠がないことの証明みたいなもので、内々は誠真実があれば必ず治まるのであります。

『おふでさき』では、

しんぢつにたすけ一ぢよの心なら
なにゆハいでもしかとうけとる　（三―38）
口さきのついしよはかりハいらんもの

しんの心にまことあるなら
と教示されており、
こへやとてなにがきくとハをもうなよ　（三―39）
心のまこととしんぢつがきく　（四―51）
農作業の時に「肥」を置くので作物が良く育ち、置かなければならないもので、人間も同様、育てるには、やはり肥えを置かなければなりません。その肥えが修理・丹精ということであります。子供が親孝行してくれない、親の思いを聞いてくれないという場合、一生懸命丹精をする、目を掛けるという肥えを施す、即ちこの教えをまず聞いてくれるように、この教えを分かっている者から努力をすることが大切だと思うのであります。この道を聞いたら、みんな親孝行になるはずで、それはこの教えが親孝行の道を教えてくれている教えですから。それが修理・丹精であり、丹精なくして物は育たない、子は育たないことを私達はしかと胸に納めなければならないと思うのであります。
《何事も皆銘々の心次第と言うてある事やで。何処に居ても月日の身の内や。何処に居るのも同じ事、誠の心一つや。誠が天の理や。天の理にさえ叶えば、何処に居ても道が付くで。実誠無けねば、何処い行たとて、何をしたとて道は狭ばむば

かりやで》（M20・7）

私達はどこにいても、月日親神の懐住まい、世界は神の懐で、どこにいてもいい、誠の心さえ持っていればいいのであります。誠は天の理ですから、天の理を頂きたかったら誠の心を出すことであります。

《内々睦ましいは誠、誠は天の理である。誠は弱いものである。弱いようで強いもの。強いというは、誠は天の理である。長くの道なら、長くの心を定め。どんな細道でも、誠の心通れば、何にも危なき無い》（M20・12・14）

と。うちうち睦まじくないのは、誠の心がないからで、しょっちゅう喧嘩したり言い合ったり、ゴタゴタしているのは、誠真実がないということで、守護が頂けない。天然自然の天理の道から外れているから、守護が頂けないのです。誠真実というのは茫洋としたものではなく、私達の日々の身近な所にあるということであります。

《真の兄弟は、誠一つの心が兄弟。又、誠一つ理が天の理、常に誠一つの心が天の理。真の心の理が兄弟》（M20）

要するに、真の兄弟とは、誠一つの心で結ばれているのが真の兄弟なのだと。いくら血縁があっても、誠真実がなかったら、それは他人同様で、ただ血がつながっているというだけで、むしろ血縁なんかどうでもいい、それより誠真実があるということ、心が本当にそういう誠で繋がっているということが真の兄弟だと。兄弟がいても、心が通っていなければ、却って争いの元になったりします。すぐ法律を持ち出し、親権をとやかく言い、利害を先行させ、争いの元を作っているようなものだと思うのですが、誠真実があれば、血なんか通っていなくても、生き生きと暮せることをこの『おさしづ』から悟るのであります。

《天理王命というは、誠の心無くばならん。ほんに誠という心、さあさあ直ぐに受け取る返やす。さあさあ早く返やす理を見てくれるようと、さしづして置こ》

（M21・7・4）

誠の心は、親神がすぐに受け取ってくださり、すぐに返してくださる。早く返してもらえるような理合、即ち私達が真実を出すということ。そういう理を早く見るように指図をしておこうと。誠が守護となってなかなか返って来ないということは、まだまだ真実を尽し足らないということではないでしょうか。色んな事情が起こっても身上手入れを頂いても、本当に真実をぶつけて誠を出せば、親神はすぐと受け取って、すぐと返してくださる。即ち親神の守護を頂けるはずなのであります。

《育てば育つ、育ては誠、誠は修理、修理は肥やし。これよう聞いて置け》

（M23・6・24）

育てれば育つし、育てなければ育たないということで、何もせずに、それで育ってくれというのは無理な事なので、それは誠ではないのです。そして、最後に、

《なにか世界見てたんのう。たんのうは真の誠より出る。真の誠はたんのう。たんのうはすぐに受け取る。第一内々心の掃除掃除して、それより誠一つ、いついつまでと諭しおこう》

（M24・12・30）

と。ここで悟るのは、何で真の誠はたんのうとおっしゃるのか。それは先程《内々睦ましいは誠》とありましたが、内々睦まじくするには、お互いが辛抱し我慢をし、たんのうして行かねば、なかなか睦まじくはなれません。お互いが言いたいことを言い、思っている事をやり、自分の欲ばかりをぶつけ合っていては、これは仲睦まじくには程遠いことです。そこで、たんのうするという心がお互い必要になって来ると思うのです。たんのうするということは真実誠で、睦まじくないということは誠がない、ご守護が頂けないという方程式が成立するわけであります。当然の理合で、まとめてみますと、誠は天の理で、人を救けようという心、これが誠の心であります。誠とは、人のために使う心で、相手を大切にし、まず相手を中心にして考えていく心だと思うのであります。また、思っているだけでは誠ではありません。「私は真実思っています」だけでは意味はなく、行動が伴わないと真実誠にはならず、「思っている」だけの観念

的なものではなく、やはりなんらかの行いに移って初めて、それが真実誠になるということではないかと思うのであります。人を救けるということは、これは真実誠で、これが最も親神の思召に適う天の理であります。誠とは、人を救けたいという救け心、内々睦まじくしようとする心、それから、真の兄弟になろうという、そういう心です。《真実誠は道の道》と教示され、育てるということ、修理・丹精することも誠真実、そして《真の誠はたんのう》と、たんのうすることも誠の心なのであります。

今や二十一世紀になり、これから何世紀になろうが、人間が変わるわけではなく、真実誠の心とは、人間があるかぎり末代の大切な心ではないかと、私達道を通る者は、人に何とか救かってもらいたい、結構になってもらいたい、喜んでもらいたいという、そういう心を持って実行することが、一番身近な誠の心を出す場ではないだろうかと、我身を振り返りつつ思案する次第であります。

「これでいいのだ」という心

私達は何故に信仰するのでしょうか。素朴で且つ基本的な問題ですが、答は皆それぞれにあると思いますが、しかし大きく纏めては、よりよき幸せな人生、より豊かな人生を送りたいという目的で信仰されることが殆どではないかと思うのであります。例えば煩わしいことが身の回りで起こっているとか、或いは、自分自身や身の回りのどなたかが病んでいるとか、そういうことであったら、その守護を頂きたいとそれぞれの動機はあろうかと思いますが、信仰を続けて行く限り、やはり幸せなよりよき人生を送りたいが故ということが一番の目的ではないかと思うのであります。

それでは幸せとはどういうことなのかというと、平たく字引的な解釈にはなりますが、今ある状態、今ある自分、それに十分満足をして、敢えてそれ以上を望もうという心、気持ちを起こさないことが幸せであると。より端的に言えば「これでいいのだ」ということになるのであります。私についていえば、信仰の上でこれでいいのだとは思ってもいませんし、まだまだということではありますが、私個人に関しては、「これでいいのだ、これで十分なのだ」と常に思うように、そこに心を結んで日々を通り、これからもそういう生き方をしていきたいと思っております。今申し上げたように、良い欲、即ち意欲は別として、俗に言う欲に捉われることなく、今ある状態に、十分満足をして敢えてそれ以上を欲張らない望まない、そういう心を起こさないことが、幸せということなのだと。親神が言われる

よくにきりないどろみづや　こゝろすみきれごくらくや　（十下り目四ツ）

と、この心は「たんのう」の心に近い心で、「たんのう」の心とは「これでいいのだ」、どういう中でも「これでいいのだ」と満足する心を神はお教えくださり、たとえ身を病んでも「たんのう」せよということは、「これでいいのだ」という、一度はそういう心になることが、それが「心のさんげ」、「身のさんげ」、「前生のさんげ」になり、また、その心ができればどんな事にも耐えうる心、喜びに向かう心がつくられることを教えてくれているのであります。即ち、それは「たんのう」の心をつくるしかないのだということを教えてくれているのであります。例え難病の宣告をされても、「これでいいのだ」という心を作れば、前生のさんげにも因縁の自覚にもなり、「たんのう」ができ、守護が独り歩きして来るということ、神の方から守護を独り歩きさせ、守護を与えるということを教えてくださっていると悟るのであります。まして私達は日々壮健に不自由なく通っており、身の不自由以外で他の不自由なことに「たんのう」がで

きなければ、何の真の「たんのう」ができるのだろうかと自戒する次第であります。

「これでいいのだ」という心をつくることではないだろうか、そしてそのために信仰をするのではないでしょうか。身は神の貸しもの、そして、総ての万物も親神が貸し与えてくださっている神の壊住まいの中で、私達にあるものと言えば、我が心一つで、私達にできることはといえば、我が心をどのように作りあげて行くかということだと思うのであります。さあ、その心の作り方を教祖は口や筆に記され、「ひながた」として身をもって、形にまでも見せて私達に教えてくださっているのであります。その日々の中で、私達は幸せということをどのように捉え、喜ぶ心をどのように作り上げて行くかが、「成人」ということにもなり、そして最後は『人を救ける』という心を如何に作って行くかが、親神・教祖が望まれていることだと思うのであります。「人を救けよう」という心がなかったら、また作られていなかったら、その心をどのようにして作って行くかが、私達にできる、人間にできる至高の心作りであると思うのであります。

ある評論家が「たんのう」の教理を現代的に解釈して、「たんのう」とは「嫌なことをせざるを得ない時には、いつも裏には、何かいいことはないかと捜し出すことである。これが人生をフルに生きることである」と。嫌なことだけ、それだけを見るのではなく、その裏に何かプラスになる、はげみになるいいことは秘められていないかと捜し出すことであり、これが人生を生き〳〵生きる生き方であります。嫌なことに直面して「嫌なことだ・避けたい、逃げたい・嫌だ嫌だ」とそればかりを見ているから、ちっとも前に進まない。進むどころではなく行き着くところは、自分のそういう心に潰されてしまうのであります。そしてまた、「失敗した時、自分で自分が嫌になることだけはやめた方がいい。どんな理屈を考えてもいいから『あれでよかった』と思うことだ」と。

何か失敗、どじった時、思うことが思うように行かない時、そういう時には、嫌になったとか、自分は本当になんたることかと、そういう思案だけはやめた方がいい。それは負の思考（マイナス思考）で後ろ向きだからであります。どのような失敗があっても、嫌なことがあっても、ああ失敗したな、いけなかったと反省はしても、反省にのみとどまらず、どんな理屈をつけてでも、（人の物を取るとかそういうことはだめですが、物事の種類にもよりますが、）一生懸命やって思うように行かなかった、思うように相手に認めてもらえなかった、そういう時にでも、ああ自分は駄目だとか、自分には力がないとか、そういう思いだけは持たない方がいい。やめた方がいい、どんな理屈を考えても、どんな理屈をつけてでも、これでよかったのだと、事実や結果は認めて、再起に向けて心を立て直すことであります。私達に教示されている教理の「心一つ・心次第・心通り」とは、そういう心を作らしてもらうということだと悟るのでありります。私達にできることは、どういう心を目的に向かって作り上げて行くか、作り得るかということ、これが私達に課せられた大きな課題ではないでしょうか。

また私達は日々の中で、ともすると、嫌なこと、やりたくないこと、おもしろくないことに直面すると、不足をし、不平を言い、不満を持ちますが、教祖は、

《「そうそう、どんな辛い事や嫌な事でも、結構と思うてすれば、天に届く理、神様受け取り下さる理は、結構に変えて下さる。なれども、えらい仕事、しんどい仕事を何んぼしても、ああ辛いなあ、ああ嫌やなあ、と、不足々々でしては、天に届く理は不足になるのやで」》　（『逸話篇』144天に届く理）

と、どんなにいい仕事をしても、立派にやってのけても、あゝつらい、あゝ苦しいといった心では、天に届く理は不足という、嘆息という、絶望という理しか届かないことをお教えくださっております。

さあ、勇みと喜びと感謝の心でこの道を歩ましていただき、我が心をどう作り得るか、に努力を重ねつつ、一歩一歩進ましていただきたいと、思い願う次第であります。

満足・足るを知る

茶室の庭やいい庭には、手洗鉢（ちょうずばち）というものが据えてあるのですが、それを「つくばい」と言います。手を洗う水が張ってあり、柄杓が置いてあり、石で出来ているものが多いようですが、そこで手を洗う。

京都に石庭で有名な龍安寺という臨済宗、妙心寺派の名刹があります。細川勝元が造営し、義天玄承を開山として創建された禅寺ですが、時代がずうっと下がって江戸時代になってから、水戸光圀公が石造、二尺足らずの「蹲（つくばい）」を寄進されました。その蹲は真ん中が四角く掘られてそこに水が湛えられ、上下左右の四方に四つの字が刻まれています。

真上から見ると、上は五という字、右はふるとり(隹)、下は足の下の部分で「疋」、左は矢、真ん中の水が湛えられている所の口の字と組み合わせて読ませ、「吾唯知足」即ち「吾唯足ることを知る」を意味して形どった有

名な蹲であります。今度京都へ行く機会があり、龍安寺に参詣された折、この蹲を見学して来るのもよろしいかと思います。

この「足る」ということですが、所謂「満足」ということであります。「足るを知る」ということ、満足を知るということ、これが大切なことを意味している蹲であります。満足とは「望みが達せられて不平のないこと」、「十分満ち足りていること」、それが満足ということであります。十分であること、完全であることが満足なのであります。乙武洋匡君は『五体不満足』という本を出版し、両手両足はありませんが、五体不満足の中、電動いすに乗りながら、世界各国を廻って、「不満はない」と講演をしておりますが、ほんとに立派なことだと思うのであります。

私達はと言えば、殆どの方が五体満足であります。因みに、私達、体については不満の方はいらっしゃらないと思いますが、もう一本腕がほしいという方がいるでしょうか。もう一本足がほしいという方がいるでしょうか。もう一つ目がほしいという方がいるでしょうか。もう一本指があったらいいなあと思う人は、まずいないのではないかと思うのであります。私達は五体に関しては満足しており、このことを忘れてはいけないと思うのであります。それを当たり前だと思わず、素晴らしい満足を戴いていると噛み締めねばならないと思うのであります。『五体不満足』の乙武君でさえ、「私は満足している」と著書の中で述べております。非常に明るく生き生きと日々を暮らしております。それに比べて私達は、親神から全て授かった五体、どこ一つ何一つ欠けたものがないにもかかわらず、それを満足している、ありがたいと思う人も、これまた少ない。腕をもう一本ほしい、どこへ付けたらいいのでしょうか。それを考える時に、何一つ余計なものはない、欠けているものもない。親神は何と素晴らしいことかと。そういうことを、月の内一遍でも二遍でも思うことが大事なことではないかと、否、出来得れば毎日それを思い起こして行くことが、大切なことではないでしょうか。

《さあ〳〵神の方には不足の身体は貸してない。不足というは、めん〳〵の心より》

（M20・11・8）

五体について何の不平がありますか。ないと思うのですが、私達が満足できないものは何でしょうか。それは「心」であります。あらゆるものが満たされているにもかかわらず、その「心」を満たそうともせず、満たされていないその「心」を神は残念に思われ、お教えくださっているのであります。

《何でも神の道は綺麗な道や。綺麗に聞かして満足、めん〳〵事情それ〳〵運ぶ処、満足治めにゃならん。どんな所も運ぶがよい》

（M23・11・22）

この教えを私達自分自身は綺麗な教えだと思っているか。そしてこの教えを綺麗に聞かしているか。要するに、この教えを基に満足していかねばと思うのであります。

《まあく先々の処、満足与えば満足、心得ば心得。事情、満足程大きい事情は無い。不足は不足の理回る。不足の理回ればどうもならん》（M31・1・8）

満足の反対は不足であり、満足できないということは不足をしていることに等しいということであります。自分の心が満ち足りてない。別の見方をすれば欲が強すぎるとも言えるし、自分の都合が中心になっているとも言えると思います。また、易きに甘んじる満足とは、例えば、まあまあしょうがないよ、いいとしよう等と、努力もせず、これで仕方がないよというような満足は、真の満足ではないと思うのであります。それは、諦めに近いのであります。例えば、煩わしい事情に直面して「ああ仕方がないよ、因縁が深いから、徳がないから」と、これでは本当の満足ではなく、満足とは一生懸命努力をして、悩み抜いて、そして「あっ、これでいいのだ」と行き着いたところの「これでいいのだ」ということが本当の満足だと思うのであります。ところが、そういう努力もせず、悩みもしない、願いもせず、祈りもしない、そしてこれでいいのだというような満足は、半端な満足だと思うのであります。そのような満足と、真に満ち足りた心とをよく分けねばならないと思うのであります。神が望まれる満足とは、

《何よ満足。満足は心の理、優しき者は日々満足。満足は小さいものでも、世上大き理に成る。これより大き理は無い。満足広く通り、不足はあちら縮める、こちら狭ばむ。(中略)満足というものは、あちらでも喜ぶ、こちらでも喜ぶ。喜ぶ理は天の理に適う。適うから盛ん。(中略)十分満足。満足与えば、わしもなあ〳〵、これ第一の満足、満足は天より与える理〳〵》（M33・7・14）

これで結構なのだ、毎日恙無く結構に暮していてありがたいという感謝に結び付くような心の満足でなければ、真の満足ではないと思うのであります。不足の理なぞは天は一つも与えていないし、それどころか。満足の理を与えているのだと神はお聞かせくださるのであります。そのように満足という心を日々見つめ直し、

《日々身上仕健なら、何不自由でも不足はない》（M34・7・15）

とお教えいただくように、もしや身が壮健でないならば、諦めずに懸命に願い、祈り、早く神の守護を頂くこと。それには、神は心に乗りて働くとの教えから、神が乗って働ける私達の心をつくる努力が大切なことで、どこ一つ悪い所がない健常者は、日々常に満足を噛み締めなければならないと思うのであります。

《とかく満足々々は道の肥〳〵、(中略) 満足は楽しみの花が咲く程に。十分の実がのると、諭して置く》（M34・6・14）

ありがたいなあ、結構だなあと満足する所には、楽しみという花が咲き、楽しみという実が実ってくると。それには満足する心を作らせていただくことで、所謂、不満の元である欲に結び付く心や自分の勝手都合、即ち不満の種を小さくし、取り除いて行くことではないでしょうか。

《皆遠く所から厭わずして来る心だけ受け取って、十分満足与えてやらにゃならん。満足すれば一所やない。世界に映る。不足で行くくすれば、理が消えて了う。何処までも皆々満足集まって道と言う。(中略)満足十分さしてやってくれにゃならん。満足の理から芽が吹くで》

(M37・2・6)

自らも満足し、人にも満足を与えれば、その人だけではない、それが世界に映って行くし、逆に不足をし不足を与えれば、せっかくの親神の正しい理が消え失せてしまう。どこへ行っても不足のかけらなぞ持ち帰らないように、また、不足の一かけらでもこぼしたら、満足という理が消えてしまうとお諭しくださるのであります。「ああ、ありがたい、結構だ」と満足する人達が集まってこそ、この教えの真の道と言うと。自分も満足し、人にも満足させることが、この教えであり、実に素晴らしいことでありま す。

『足るを知る者は富む』　(老子—四四章)

と老子は言い、自分の身に応じて満足していけば、誰でも皆心豊かになり、欲を小さくして満足することのできる人は豊かな人であると。

『足ることを知らざる者は富むといえども貧し』

とも言い、満足のできない人、即ち、いろんな物に恵まれていても、これでほんとに十分なのだ、ありがたい、結構なのだということを知らない人は、富んでいるとは言えど、心は貧しい人だという諺であります。頓(とみ)に昨今の日本は、物質文明を始め、あらゆるものに恵まれてはおりますが、かの著名なマザー・テレサは「日本には心の貧困がある」と言っております。欲にとらわれ、満足することを知らない者は、財は持っていても心は貧しい人であると。私達は多くのことに満たされており、結構に恙無く過ごしている日々を深く省みることが大切なことではないかと思うのであります。

『人は唯足ることを知るべし。足ることを知る時は楽あり。貪る事多き者は憂あり』

(浮世物語―五・老子―四六章)

と、十分に守護を頂いているなあ、ありがたいことなのだなあと思える時は、安楽なことですが、『貪る事多き者』、例えば、自分を愛することだけの人、それは「自己愛地獄」と言い、自分で自分をがんじがらめにし、体を動かすこと、働くことの嫌いな人、暇で暇でしょうがない人は「退屈地獄」に、我儘三昧、自分の都合や自分の思い通りに行かないとブツブツと文句を言う人、それは「我儘地獄」という地獄で、皆生き地獄なのであります。

こゝこはこのよのごくらくや
わしもはやくまゐりたい
（『みかぐらうた』四下り目九ツ）

と神は教示されておりますが、地獄を自分自身で作っている。ともすれば、今の私達は、不満の主張は知っていても、満足することを知らない。かく言う私もかってはそうでありましたが、「自己愛地獄」や「退屈地獄」や「我儘地獄」に捉われないで、心の姿勢を整え、我を少し忘れて、喜びに満ちた生活に導いてくれるのは、満足の心であることに目覚め、心を回復して行くことが大切なことではないかと思うのでありま す。広い心、大きな器になって、そして少々不満足なことがあっても、ハッと我に戻り、神から授けていただいてる身に、何一つ不自由がないならば、まず足るを知り、それを周囲の知らない人達に、或いは次の世代に伝えて行くことが、理に適うことではないでしょうか。

「たんのう」は満足する心

「温もり」「温かみ」という言葉がありますが、「温かみ」とは肌に心地よい暖かみであり、「暖かさ」とは心が通じ合って違和感を感じないことで、この道で言えば「たすけ心」であります。人を救けたい、この人に何とかよくなってもらいたい、結構になってもらいたい、救かってもらいたいという心、それが温かみの心だと思うのであります。この心が満ち溢れることを救け一条と言います。救けたいという暖かい心である親の心、その温かみの心、暖かい心をもって人に当ることが救け一条だと思うのであります。

《何かの処、たすけ一条、勇める処話を伝え（略）》（M20・9・5）

とあります。相手を勇める話、相手に成程と思ってもらうこと、これが大切なのだと、これが暖かい心なのだと。

さて、私は常々、偶然はないが奇跡はあるのではないかと申しておりますが、たんのうは不可能を可能にする要因だと思案しております。人間社会で、常識で考えるとなかなかそう簡単には行かない不可能な事、その不可能を可能にするということが奇跡であると思うのであります。目の覚めるような奇跡ではありませんが、この奇跡を頂くにはたんのうが必要なのだと。このたんのうというのは、この道では「たんのう」と平仮名で書きますが、漢字では「堪能」とも「足納」とも書きます。どういう意味かというと、十分満足すること、これ以上言うことはないというのがその意味であります。それがこの道でいうたんのうに果たして一致するかどうかは分かりませんが、同じような意味ではなかろうかと思うのですが、私達がこの道でいうたんのうとは、我慢をするに近い意のようにとっていると思うのです。この道でいうたんのうにも色々あると思いますが、大きく分けて、

一、　日々の中でのたんのう。
二、　事情の中でのたんのう。
三、　病の中でのたんのう。

であります。日々の中でのたんのうは、ちょっと見方・考え方を変えるだけで出来るように思います。鎧兜を着て、これからたんのうするぞというようなものではないと思います。ちょっと我が身・我が思い・我が都合をひかえ引けば、日々の中でのたんのうは、すぐ出来るのです。そういうたんのう、これを日々の中でのたんのう、そう申し上げたいと思うのであります。

事情の中でのたんのう。これは例えば夫婦の中での行き違い。或いは、親子での思い違い。そして、嫁姑とかまた対人関係の中で生じる行き違いからの問題。そういう絡み合いの中から、いわゆる事情が起こってまいります。そういう中でのたんのうは、これも我が思い、我が都合を優先させず、一時ひかえることによって解決への道が可能になってくる場合が多いと思います。

身上の中でのたんのうは、これまた二つぐらいに分けられますが、重い病の中でのたんのう、軽いというか死に至るような病ではない病の中でのたんのうがあるように思うのです。日々の中でたんのうさせてもらう。これは

《難儀さそ、不自由さそという親は無い。幾名何人ありても、救けたいとの一條である。その中隔てにゃならん、隔てられんやならん、という処、世上見て一つの思案。この理を聞き分け。一つはたんのうと。善き種蒔けば善き芽が吹くも、世上見て一つたんのうとの心定め。たんのうとの理を持ちて、案じる事は要らん。案じては案じの理を回る。案じは要らん、と、大きな心を持ちて理を治め》

（M21・6）

とありますように、ああこれが私の心を神が作ってくれる、先々結構にしてくれる親神からのメッセージなのだ、一つの節目なのだと大きな心をもって、そういう中でも

たんのうしてくれと諭されています。それはなぜかというと、神から見てそういう心をつくることが必要だからです。その人にとって、たんのうするということが将来先々どれだけ大きな力となるか分からないから神がそういう場面を作り、巡り合わせてくれているのだと思案し、そう悟って行かないと、治まりません。或いはまた、

《日々と言えば月々と言う、月々と言えば年々と言う。これ人間というものは一代にどういう理もある。（中略）一代の事はどんな事も思い出してはたんのう、見てはたんのう、聞いてたんのうして暮らさねばならん》　　（M23・6・21）

日々たんのうして通るのだ、たんのうは誠なのだと、まずたんのうする心を作ってくれと親は切々とお教えくだされるのです。たんのうするというのは先程申し上げたように、先ずはああこれでいいのだと思う心であり、そういう心を作らねばならないとお教えくださるのです。日々の中で、そういう一日を積み重ねて行くことが一生に繋がるのですから、一日二日三日とたんのう出来れば、一生たんのう出来るということをお教えくださっているのだと思うのであります。

このたんのうするという誠の心があれば、人と人との関係はピシャリと治まり、相手のことを考え、相手のために尽くそうという誠の心の人達が集まれば、日々の暮らしはむさ苦しくなる筈がないのです。分かった人からそれを始めてくれと親神は私達

に願われ、そういう心で勤めさせてもらったら、必ず治まる。逆に言うと、家族や対人関係がむさ苦しいということは、誠の心がなく、みんな我が身の思案にくれている、我が都合を優先させているということであります。神はたんのうの意義を次のように示されています。

《不自由の処たんのうするはたんのう。徳を積むという。受け取るという。これ一つ、聞き分けにゃならん》（M28・3・6）

心が不自由する、身が不自由する、物に不自由する、金銭にも不自由する、いろいろなことに不自由する。そういう中をたんのうする、それが真のたんのうなのだと。そして、それは徳を積むことにもなり、神に受け取っていただける。それをよく聞き分けてくれと。これがまず、たんのうの意義であると思うのであります。

事情の中でのたんのうとは、日々の中でのたんのうと同じように、それがちょっと複雑に重くなったようなものが事情ですから、しっかり誠真実を出すことが、事情の中でのたんのうだと思うのです。

そこで、病気の中でのたんのうですが、これは本当に因縁を自覚するというところに結び付けて行かなければ、中々これでよしとは思えません。ああこれでいいのだ、これで十分なのだとはなかなか思えません。親神はそれもよく分かっていて、

《身上不足ありてどうもたんのうは出け難くいく〳〵。為すいんねん多いか少ないか、皆めん〳〵内々にある。（中略）成らん中たんのう、治められん処から治めるは、真実誠と言う。前生いんねんのさんげとも言う》（M30・7・14）

と。なんで自分はこういう病にならなければならないのだろう。ほんとにその中をたんのうするということは難しいことです。けれど、これは前生のさんげの道を通るため、たんのうして通らねばならないのだということを分かってくれ。前生は恐らく人を苦しめたであろうかもしれん。或いは、人を嘆かしたことであろうかもしれん。ああこれで今生こういう病を頂いているのだ。結構だとも有難いとも思えないけれども、ああこれでよしという、そういう心になった時、これがたんのうで、たんのうがそこまで行ったならば、あとは神の守護は独り歩きすると思うのです。だからどうあっても、一度はたんのうしなければならないということであります。

《何かの処、一つたんのうの心を治めにゃならん。世上見て身は一つたんのうをせねばならん。これだけ尽し思うのに、何で身が悩むと思う、日々に思う心が身に障るのや。誠真実定まれば身は速やかという》（M22・6・18）

神は、たんのうという心を教えたいが故に、身上、即ち病というものを見せてくださり、病を通してたんのうの心ができたならば、日々のたんのうなどはなんでもなくなり、そして、何でも喜べるようになると思うのであります。神はそれを教えたいがために、色々と私達に病という印をつけて心を磨いてくださるのだということではないでしょうか。

《何程衣服多くあっても、楽しみ無い。世上のいんねん、夜一夜の間にどうなって了うやら分からん。道の上ならこそ、成らん中切ない中でも通して貰うが、この道。この心を持って、これで大丈夫日々の心に持って、一日一日順序治まり治まり、つい嬉しい理頼もしい日見えて来る。たんのう第一。たんのうして、暮らし難くい日も通り、世上一夜一つの理見、たんのう。たんのうは前生のいんねんさんげとも言う》

（M34・4・20）

衣服が何着何十着あっても、身が不自由では、そんなものは意味がない、楽しみもない。着られないのですから、その衣服を楽しむこともできない。どれほど食べ物が豊富にあっても、食べる楽しみはないということであります。この教えの道を通ればこそ、世間ならばどうなってしまうかもしれないが、どうにもならない中せつない中でもたんのうという心で通ることができるのがこの道であり、この心をもってこれで大丈夫と日々を心丈夫に通れば、うれしい理頼もしい日が必ず見えて来ると。ああこれでいいのだ、これで十分なのだと、そういう心を是非作ってくれと。そうすれば神は黙ってないという神の大きな親心ではなかろうかと思います。私達がこの道をお教え頂いて、喜びと感謝と感激の味を味わえないようであるならば、この道を教えてくれた先人方に、手を引いてくれた親々に、最後は教祖・親神様にこれ程申し訳ないことはないと思うのであります。この道をお教え頂いて、喜びを見いだせない、感謝できないような日々であるならば、この道は何であろうかということになり、そして、最後にこの道をお教え頂いて人を救けようという心を持てないようであるならば、これはもう一つ真剣にこの道を掘り下げ求道して行かなければならないことであり、それが節々を通して私達の心に訴えかけられている神の声ではないだろうかと悟り、一層の救け心の昂揚の種火としたいと思う次第であります。

苦労と不自由

私達は日々苦労という言葉をよく使いますが、「苦労」はどうも不自由と間違えやすく、例えば人やお金で不自由しているような場合、「人とお金で苦労してまして」と言うのであります。私は海外に十年もおりましたので、言葉では大変不自由致しました。ところが多くの方は「言葉でご苦労があったでしょう」とねぎらってくださり、この辺は苦労も不自由も一緒に考えているのであります。不自由と苦労は字も響きも意味も違うのであります。では「不自由」とはどういうことかというと、色々なものが不足したり、欠けていたりして思い通りに行かない不便なことをいうのであります。語学力が不足しているから言葉が思うように通じないで不自由するということでありま す。金銭でも同じであり、金銭が生活するのに不足したり欠けたりしていて、思い通りに生活ができないから不自由するということなのですが、それを「苦労」と言ってしまうのです。自分の力の無さ、欠けているところを「私は苦労しているんだ」と錯覚してしまうのであります。この辺を仕分けないと間違いになり、不自由はしているのですが「苦労」していると思ってしまうのです。

「苦労」とは辛い目にあいながら物事がうまくいくように、精神的・肉体的に努力し、あれこれと心を駆使することを「苦労」というのであります。欠けているから、足りないから思い通りに行かないのだと、そこで留め置いていたならば、それはただの「不自由」であります。この「不自由」を何とかしなければと懸命に努力するところに「苦労」ということが言えるのであり、「身の不自由」も同じで、病は身の不自由であり、所謂神の十全の守護が欠けることですが、しかし不自由のままにして置いたならば、それは不自由で終わってしまうのであります。それを何とか神の守護を頂きたいと努力するところに苦労があるわけであります。「苦労」にも色々あり、

苦労は出世の梯子

という諺がありますが、出世するということは一段一段出世という天に向かって梯子を登っていくようなものだと。或いは、

苦労は買ってでもせよ

若い時の苦労は将来必ず良い結果をもたらすから、逃げたり、避けたり、断ったりせず、弱音を吐かず進んで苦労せよということであります。また、

人は苦労すると大きくなる

と、あの人はさすが苦労人だよと、苦労には人を大きくするものがあるから苦労はし

た方がいいと。以上はいい意味での苦労であります。

その「苦労」も三つに分けられるのですが、
第一番目は「身から出た錆」による苦労で、要するに自分の至らなさからの苦労、所謂自業自得の苦労であります。どんな苦労かと申しますと、買わなくてもいいものを買ったり、自分の力も及ばないことに手を出す。例えば土地を買う、株を買う、高価なものを買うとか、そしてその返済に苦労する。これは大体欲からくる苦労で、しなくてもいいのにするからそれが苦労の種になり、全ては誰彼のせいでもない自分自身の身から出た錆の苦労であります。

或いはまた、自分の癖・性分、性格からの苦労もあります。例えば取り越し苦労、考えなくてもいい先のことを考えて苦労する。或いは持ち越しの苦労、過ぎた事を「あしとけばよかった」「こうしとけばよかった」と後悔する苦労で、時間は戻りません。或いは、腹を立て、不足をし、嫌な思いをして、しなくてもいい苦労をしていることを「無駄苦労」といい、花実は咲かず、自分の癖・性分を切り替えて直す以外に手立てはないのであります。

主人と奥さんが合わない家庭不和も、合わすように努力しなければ花実が咲くどころか子供という将来の花実が腐っていきます。或いは、嫁・姑の不和も同じことで、今している苦労はただの不都合で、本当の苦労なのかどうか見極めることが大切ではないかと思うのであります。それには天の理合を思案して、教えの理合の上から言われることをしっかり守っていくということであります。教えを胸に刻んで日々を通るしかないので、自分の癖・性分は直す以外にはないのであります。

第二番目は「大変ねえ」とか「ご苦労さんねえ」とか言われ、自分自身のことではないにしても、不徳な故に降りかかってくる苦労というものがあります。例えば子供の非行、登校拒否、反抗、外で借金を拵えてきたり、不徳故に降りかかってくる苦労であります。ご婦人でしたら酒乱の亭主とか、或いはギャンブル好きの亭主などで苦労する。これは自分がお酒を飲むわけでもない、暴力をふるうわけでもない、博打をやるわけでもないのですが、主人にそういうことをされて大変な思いをする。また、家族の病も家族全員が不自由な思いをするということであります。倒産、失業、交通事故等、自分が悪いわけでもないのに降りかかってくる苦労があるということ。これが二番目であります。ここまでの苦労は「大変ねえ」とか「お困りねえ」といった部類の苦労であります。

最後、三番目の苦労は、賞賛される苦労であります。「あの人は立派だ」「あの人は素晴らしい」「あの人は本当に見上げた人だ」と、これは正味になる苦労であります。

所謂買ってでもする苦労で、花実が咲く苦労であります。不自由と苦労とは錯覚しがちですが、今申し上げたような降りかかってくる不自由などを、これではいけない、立て直そう、守護を頂こうと努力すること、これが苦労なので、ほっとくとただの不自由で終わってしまうのであります。神は身から出た錆による不自由でも、或は「大変だなあ」「ご苦労さんねえ」と言われるような不自由でも神に凭れれば救けると。

みかぐら歌九下り目二ツに、

ふじゆうなきやうにしてやらう　かみのこゝろにもたれつけ

と教示されています。不自由なことがあるだろうが、しかし親神と四つに組んで一生懸命につとめ、努力をするならば、不自由のないようにしてやろう、神の心に凭れよと。神の心に凭れ、建て直す努力をしなければ事態は好転しないのであります。

今申し上げた「立派なことだなあ」「見上げたものだなあ」という苦労は正味の苦労、花が咲き実が稔る苦労であります。それは「買ってでもする苦労」で、これが人のためにする苦労、即ち人救けの苦労なのであります。しなければしないで済むのですが、行かなくてもいい所へ行って、教えを説き「さづけ」を取り次ぐ、その苦労は自分以外の人の為にする苦労で、その苦労を神が受け止め守護をしてくれるのであります。

わかるよふむねのうちよりしやんせよ

人たすけたらわがみたすかる　（四―47）

三つありました内の二つは自らが生み出したり、自分にふりかかる苦労で、真の苦労、正味になる苦労とは人を救けるとか、或いは世のためになるとか、自分以外のことで努力をする、それが正味になる所謂花実の咲く苦労ではないだろうかと。苦労も色々あり、無駄苦労をしているうちは花実は咲かず、苦労には違いないのですが苦労の種類も質も違うのであります。親神は自業自得の苦労やふりかかってくる苦労から早く抜け出して花実の咲く苦労や、称えられ、賞讃されるような真の苦労をさせてやりたいと私達を暖かくお導き下されていると悟る次第であります。

教祖御在生当時の話で、

加見兵四郎は父親に捨てられ、母親からも振り切られた。母親は兵四郎の妹を連れて食うために他家へ女中奉公に行った。そこへ兵四郎が尋ねて行った。母親にしてみれば、自分も主家に捨てられる危険があったので、兵四郎を大きい草刈鎌をふりかざして追い返した。兵四郎は仕方なく叔父の家で暮したが、さんざんの苦労であった。身体が大きくなると煙草屋へ奉公に出され、そこでも苦労、結婚後も苦労、苦労の連続であった。そして明治六年、妻のお産のことから入信し、教祖のもとに通った。

あるとき、教祖が
「神様が、人間をおつくりになったのは、人間に陽気ぐらしをさせ、神も共に楽しみたいとの思いで、人間をおつくりになったのだ」と、お話しされたとき、兵四郎は、
「それでは、なぜ、この兵四郎を三十一歳まで、いじめて、いじめて、いじめたおされたのでしょうか」と問うた。そのとき教祖は「兵四郎さん、あんた苦労したればこそ、神がわかったやないか、神が分かれば、これからどれだけ大きくなるや分からんで。神がよふぼくに使おうと思うたればこそ、苦労艱難させたのやで」と、仰せられた。
病も同じで、病みっぱなしでは何の意味もなく、親神が思召されるところを悟り取らねば無駄苦労になるのではないだろうかと思うのであります。病になり、なんでこんなに信心しているのに、運んでいるのに、尽くしているのにと「何で」とか「こんなに」とか「…のに」とか言っているうちは神意は分からないと思うのであります。事情も同じで、不自由ということは確かに不都合であり、不便ではありますが、その不自由を何とか跳ね除けよう、何とか不自由ではない守護を頂こうと努力する道程を苦労と言い、苦労を逃げたり避けたりしていては解決しないのであります。

何故苦労しなくてはならないのかと思うのですが、それは苦労することによって分かってくることが沢山あるからであります。苦労するから神というものが分かり、苦労するから人の暖かさも助けて下さる有難さも分かるのであります。まして病んでいる方は身の不自由をし苦労をしているので、健康があたりまえで何不自由なく生活している人に比べ、生かされているということが一層分かると思うのであります。

《どんな艱難もせにゃならん、苦労もせにゃならん。苦労は楽しみの種、楽しみは苦労の種と皆聞いて居るやろう。》（M39・12・6）

ただ〳〵不自由を不自由として終わらせるのではなく、その不自由を噛み締め、不自由を跳ね除ける努力という苦労を重ねた暁には、夜が明けた時に日がさして来るように、必ずやその中に苦労がありがたかった、と分かるはずだと神は先をよんでお教え下さり、「降りかかってくる苦労」或いは「身から出た錆の苦労」等、種々ありますが「身から出た錆の苦労」や「降りかかってくる苦労」には不平不満が生まれますが、買ってでもする苦労には不思議と不足は出て来ないもので、むしろ反対に喜びさえ生まれることがあります。それ故に、買ってでも、探してでも苦労することを志して行きたいと、それが八方に広がる喜びの種になると悟るところであります。

苦労・節目を「旬」として

世の中で苦労についてはいろいろ取り沙汰されていますが、例えば「苦労、それ自体にはいいものは無い。苦労の後にくるものがいいのである」とか「苦労屈託の薬」とは、一人前になるには苦労したり悩んだりすることは大事であると言うように、苦労の結果として生じる忍耐、達成感はもとより、苦労したという満足感や自信が生まれ、苦労した人の人生の上に大きな財産として残ることに意味があるからであります。

この「苦労する」ということは、皆避けたい、よけたいと思うのですが、しかし、苦労にも色々あり、していい苦労、即ち、しなくてはいけない苦労と、しなくてもいい苦労があるように思うのであります。そして、もう一つ、通らなければならない苦労があるように思うのであります。自分でどうすることもできない、降りかかって来る、好き嫌いを言えず避けて通ることのできない苦労であります。

では、しなくてはならない苦労とはどういう苦労かといえば、スポーツマンであれば苛酷な練習・訓練、学生であれば勉強すること、これは苦労であり、しんどいものであります。それが苦労ではないという人はよほど有徳な人か、魂に徳が十分に備わっているので、それが苦にならない。ところが、そういう人は数少なく、殆んどの人がしんどくて、嫌で逃げ出したいと感じ、辛く思うのですが、しかし、その苦労をしなければ何も身につかない。この道を通る私達も、この道を通る者としてしなければならない苦労というものがあると思うのです。それは何かと言えば、「人を救ける」ということであります。これをしなければ、所謂結構が身に付かないとこの教えから悟るのであります。ところが、しなくてもいい苦労をしている人が殆んどで、その中で代表的なものが、取り越しの苦労や持ち越しの苦労、それに欲による苦労で、このような苦労はしなくてもいいのですが、何故かしてしまう。これを無駄苦労といい、そういう苦労に苛(さいな)まれている人が多いのではないかと思うのであります。しなくてもいいような苦労は節目とは言わず、選択のできない、通らなければならない苦労は「節目」として捉えて、乗り越えて行かねばならないと思うのであります。ところが、しなくてもいいような苦労、心一つで解決できるのにその心が不徳なばかりに、そんな苦労に苛まれる。これは節ではないと思うのであります。因縁によって通らなければならない苦労、これをどうやって切り抜けるかということが、所謂「節」とお教え下さっているのではないかと思案するのであります。個人にも、家にも、国にも、そういう通らなければならない節、苦労というものがあり、これを「節目」として、私達はほっておくわけにはいかないのであります。いかにその節を乗り越えるか。節を節としておいておき、節を節として終わらせてしまったならば、何にもなりません。節を節目で終わらせないで、節を乗り越えてこそ、初めてそこから新しい息吹、芽が出るのではないだろうかと、そして、節を節として直面する、節を直視することが大切なことと思うのであります。

《年々の道、いくえの節がある。節から節が栄える一つの理》（M22・2・21）と、節に負けてはならず、節があってそこから枝が出るように伸びて行く、栄えていく理があるのだと。節に打ちのめされるのではなく、節を乗り越え、そして、そこから芽を出して行く、というこの教えは、親が子を思う真の親心の教えだと思うのであります。

《節が無ければ、何かの事も聞き流し。（中略）一つの節が無ければ聞き分けが出来ん。》（M22・10・9）

節目というきっかけが無かったならば、何の事かも分からず何だか訳が分からないまま、ただ悲観的運命論や節に対する愚痴や不足に終始してしまう。聞き分け、分別が出来ないので、節を通して、その節を乗り越えることを力強くお教え下さっている道であるということであります。

《もうあかんかいなあ、もうあかんかいなあというは、節という。》
《精神定めて、しっかり踏ん張りてくれ。踏ん張りて働くは天の理である、と、これ諭し置こう。》（M37・8・23）

と。もう万策尽きた、そういう時が節なのだ、ということで、そういう時こそ、しっかり踏ん張ってくれと。そういう時こそ「心を定めてしっかり踏ん張ってくれ」その踏ん張りによって、天が働くということを教示されているのであります。

そして、そういう節、苦労に打ちのめされるのではなくて、苦労・節を味わえということもお教え下さっています。《楽々の中に楽はない。苦の中に楽がある》ともお教え下さり、全て話の種・話の台・後々の楽しみということで、苦労を避けるのではない、よけるのではない、しっかり受け止めて、そこから立ち上がってくれ、そして、芽を吹いてくれというのが親神の思いで「節から芽が出る」ということだと悟り、これは、力強い親心をお教え下さっていると思うのであります。「止まない雨はなし、過ぎ去らない嵐もなし、ひたすら時を待て」との諺のように、《辛い日は楽しみ》辛い日は辛いのではなく、それがやがて過ぎて、節を乗り越えればそれは楽しみになる、と。それが節から芽が出る旬なのだと。あの時、よく通ったなあ、あの時、よく頑張ったなあというそれが芽が出る種なのであると。

《辛い日は楽しみ。辛い日辛い日と思うから間違う。聞き分け。一日という。辛い中辛い中、辛い理より一つこうのうあろまい。しんどの中に実がある。楽の中に実がない。》

（M32・12・6）

とお教え下さっています。

私もたいした苦労はしておりませんが、何とか人を救けたいという苦労を厭わず、むしろ進んで求めていきたいと。人を救ける場が、あちらこちらにあるのに、それを敢えてしないということは、何という誠がないことだろうと思案する次第であります。心を病んでいる人はいないだろうか、身を病んでいる人はいないだろうかと、常々救け心を持つことが、大切なことだと思うのであります。

《いつも春は春。春のように思うていてはころりと違う。いつでも花の咲くように思うているから分からせん。どこからどんな風吹くやら、どんな風当たるやら、さあ〳〵どんな風吹くやら雨が降るやら知りゃせん。花の咲く旬、何ぼどうしたて、旬が来にゃ咲きはせん（略）》

（M24・5・15）

春の百花繚乱のその季節を草木は待ちに待ちわびて、その旬に花を咲かせてくれるのですが、その草木とても、暑い日寒い日を耐え忍び、春という旬を待って、厳しい季節を通ってきているということであります。私達は花の咲いた綺麗なところだけを見て、綺麗だ〳〵と言いますが、草木は花の落ちた時から、蕾を育てています。自然の動きや働きをよく見ると育て育むという苦労を厭わず、来る年〳〵絶え間なく続けているということ、それを考えると私達も与えられた苦労、或は通らなければならない苦労をしっかり噛み締め、節目を生き節にし、旬に切り替えて行きたいものであります。

心を定めて節から芽を

この教えを信仰・信心させて頂いていても、いろいろな節に出会います。時には、様々な事情や病に陥りますが、容易ならぬその中を、挫折することなく信仰を続けていく。「信仰しているから何も起こらない」ということはありません。むしろ、一生懸命道を求めて歩めば歩むほどいろいろな節々に出会うことがあるように思うのであります。それは、心の成人を促しくださる親神の厚い親心からであり、所謂成人のための節だと悟るのであります。この「節」から芽を出すというところに、この道の力強さ・ありがたさがあります。直面する節々に打ちひしがれ、心を倒すのではなく、それを乗り越えていくところに私達のほんとの信心・信仰の力強さがあるのではないでしょうか。節をただ漫然と、単なる節としていたのでは神の守護は頂けないし、節から芽を出すということはないのであります。

それでは、どうしたら節から芽を出せるのか、ということになりますが、それは、「心を定めてしっかり通ることだ」とお教えいただいております。この道を通る私達にとって、所謂「心定め」ることなしには神の守護は頂けないといっても過言ではありません。しっかり心を定めて通る。これが大事な私達の節目の受け止め方、通り方であり、心定めとは神との約束をすることなのであります。《神は心に乗りて働く》と言われる通り、私達の心次第にお働きくださる。願い通りではありませんから、願いがどんなにあっても、それを適えてはくれません。神は、心と実行によって働いてくださり、心次第の守護をしてくださるのであります。私達の心が定まっていなければ、親神のお働きは頂けないということであります。私達が病になる、或は事情に苛まれる。しかし、その事情や病をただ漫然と、神が助けてくれるであろうと願うだけでは守護は頂けないし、守護を頂くためには「心を定めて実行する」ことが大切なことだと思うのであります。

《不足思い掛けたら、何ぼうでも不足思わんならん。……喜ぶ理を早く早く。今までこうでありました、これからはこうなります、先はこうなります、と、一つ一つ括りの理を供えにゃならん》（M29・3・27）

とあるように、「括りの理」即ち、心を定めてかからねば、節から芽を吹くという結果、守護は頂けないと思うのであります。

しんぢつに心さだめてねがうなら
ちうよぢざいにいまのまあにも（七―43）

しやんして心さためてついてこい
するゑハたのもしみちがあるぞや　（五—24）

今はいろいろ難渋な道もあるやもしれん。がしかし、しっかり心定めてついて来るならば、末はたのもしい道があるとの親心で、また、病という節目を頂いたら、

めへ〳〵のみのうちよりもしやんして
心さだめて神にもたれよ　（四—43）

とお教えくださいます。よく、性格通りの病になると言われますがそのことを思案して、我が心はどうであろうか、何か我が心に欠けているところはないか、それは一体なにか、そして、それに対して、こういうように通りますと心を定めて神に凭れよということであります。唯々守護を願うだけではなく、節目に対して適切な心を定めて行かなければならないと思うのであります。

《定めるも定めんも定めてから治まる。治めてから定まるやない。……定めて掛かって神一条の道という》（M24・11・3）

定めないで治めていただきたいというのは無理難題な話で、先ずは心定めて掛かることが大切であり、それが神に通じる道であることを示されております。

《聞き難くい理も聞かにゃならん、定め難くい理も定めにゃならん》（M25・8・15）

真の心定めは、ちょっと常識で考えると非常にやりにくい大変なこと、都合の悪いこと、それを定めてかかるのだということ。また、

《心定めて、成っても成らいでも、身上はどうなってもというは、これ神の真実》（M34・1・27）

心定めて、その願いが成就しても成就しなくても、そして、体はどうなってもという心になったら、これは神への駆け引きではなく真実として、神は必ず受け取ると。病んだ時、この日までになんとか神の守護を頂きたい、或いは、これぐらいの時間の間になんとか守護の兆しを頂きたいと思うならば、それには、斯く斯くしかじかこういうような通り方をするという心を決めて実行に移らなければ、真の心定めにはならないということ、要するに、その定めた心を実行する、何か行動に現わすことの大切さをお教えくださっているのであります。

《身上不足なる。どういうものであろうと思わんよう。家内の処、皆んな揃うて、どういうものであろう思うやろ。これは思わんよう。大難小難と思え。家内の処、よく聞き取りて大難小難と心に治めて掛かれ。案じる事は一寸も無いで。身上の不足を掛けんようと、心定めて掛かれば、早く速やかの理という》（M22）

案じないで、しっかり心定めてかかれば、速やかに守護の理を授けようとお教えくだ

さり、また、

《身上どうなるこうなる。皆前々のいんねんである。これだけ信心すれども、未だ良うならん、と思う心は違う。早く心を取り直せ。一夜の間にも心入れ替え。誠真実という心定めて、三日の日を切りて試せ。しっかり定めば、しっかり見える。早く聞いて踏み留め、とのさしづ》（M21・9頃）

救かっていく兆候、ご守護が頂けるような兆候が見えて来るように、何とか守護を頂きたいという心を定めて、何か具体的な実行をそれに加えて行かなければならないということであります。節目、即ち事情でも同じであり、どうかこのゴタゴタをご守護頂きたいと心を定めて実行するところに、その事情がすっきりと治まって行くということだと思うのであります。

「節」とは、切ないまでの親心であり、成人への足掛かりと受け止めて取り掛からしていただくことが大切であり、神の守護を頂くということは、唯々願うだけではなく、それに見合った心を定め、その「心定め」を実行して行くところに意味があるのであります。

恩とは、徳とは

―報恩と心の領収証―

私達人間は須らく何人も一人で生きているということはなく、必ず自然や人から何がしかの「恩恵」を受けて生きているのであります。では「恩」とはどういうものかというと、親も子も人という大きな範疇にとらえて、他の人から或いは大自然、神から与えられる恵み、慈しみ、慈愛、また他の人が自分の為に誠の心でしてくれる有難い行為、これを「恩」と言います。しかしただ「恩」というものを分かっているだけでは十分ではありません。

まず「感恩」というものがあり、「感恩」とは字の通り恩に感ずることで、恩をありがたく思う感性のことであり、恩を感じなければ報恩はできないのであります。恩を感じとるかどうかが報恩に繋がる大事なところであります。感じない人にとっては恩などというものは何の意味もないのであります。まず「感恩」、即ち恩に感ずるということ。次に「恩になっています」「恩に感じています」という言葉だけでは不十分で、そこで恩に応える行為になってはじめて報恩という意味があるのであります。恩に感じているかどうかは報恩をして初めて「この人は本当に恩に感じているのだ」と神にも人にも受け取って頂ける証なのであります。

次に、これは何とも情けないことなのですが「忘恩」というものがあります。恩になっているにも拘らず恩を忘れることで、私達一人ひとり、人間として自分自身を戒めなければならないことで、所謂「恩知らず」と先人達は教えてくれています。

では、恩を感ずるとはどういうことかですが、例えば金品を借りたり受け取ったりする時には「領収証」や「受領証」を書きますが、恩を受け、忘れずに留め置くには、もちろん心で留め置くのですから『心の領収証』所謂心で恩に対する領収証を書かなければならないと思うのであります。人からいろいろ受けた恩、こういうものを頂いた、こういうお世話取りを頂いた、このようにたすけて頂いたという領収証、即ち『心の領収証』をいつも心に持っているかどうかであり、これがないと報恩にはなかなか結び付かないと思うのであります。これだけこういうものを頂きましたと「心で心の領収証」を書くこと、故に『心の領収証』と申し上げる次第であります。

「心の領収証」という言葉を聞いたことはないと思いますが、私達信仰する者にとって、親や人にも、勿論最終的には目に見えぬ親神の働きに、教祖に対して我が心の中に心の領収証をいつも保持することが大事なことではないかと思うのであります。

人は全て恩縁の世界で生きており、誰の世話にもなっていないという人は一人もいません。まず今日の日まで育ったということ一つを考えただけでも親や親に代わる人の恩に十分浴しているということであります。

親の恩がなかったならば、現在私達が今ここに、こうして生きているということはないので、まず親の恩を頂いているのだと思うのであります。世にいう御恩は、五恩といい、親の恩・人の恩・師の恩・土地処の恩・日々の恩・これで五恩と言うそうであります。親の恩とは長い年月に亙って利害なく育ててくれた恩であり、師の恩とは知識の上で、また教えの上からも師があり、日々の恩とは親神の恩であり、それを感じない人は、感恩がない人ということであります。

人間は、お互い人間同士が施したり施されたりする恩は割に気が付くものですが、しかしもっと大きくは、人間は生かされているのだ、今、ここにこうしていることは、当たり前と思わず大きな恵みを受けている有難いことなのだと気付くことは、常に意識していないとなかなか難しいのであります。これを称して「大恩」といい、神はそのことについてもまた私達にお教えくださっているのであります。

《道の上の土台据えたる事分からんか。長い間の艱難の道を忘れて了うようではならん。土台々々分からず、土台に理無くば、何時どういう事にいずんで了わにゃならんやら分からん。世界大恩忘れ小恩送る、というような事ではどうもならん。この順序早く聞き取って、心にさんげ、理のさんげ、心改めて、ほんにそうであったなあ、と順序の道を立ったら、日々理を栄える。日々に理を忘れて理が立つか。理があるか。この順序分かる者無いのか》

（M34・2・4）

と、私達を戒めてくださり、教祖五十年のひながたの恩や長きに亙っての御苦労は、私達が日々生きる上での指針としての大恩であり、そこに気が付かないようでは理の栄えはないと。恩を「小恩」と「大恩」とに分けますと、小恩は私達人間関係の中で感ずる恩ということになると思うのですが、「大恩」即ち、神の恵み、天の理の営みをしっかり感じ、忘れてはならないと思うのであります。また、人間というものは恩を感ずるのですが、すぐ忘れてしまうことが多く、我が身を中心に物事を推し量る人は恩に鈍く、これを戒めているのがイソップ物語や民話の中にも沢山出てくる物語でもあります。何故、感恩・報恩の話が沢山あるのかというと、人間には忘恩の傾向があるが故に、その土地処の古老達が私達に言い伝えてくれる話が民話の中での話だと思うのであります。「鶴の恩返し」や「蟹の恩返し」等がそれで、動物でさえも恩に応えるのだから、人間であれば尚のこと、恩を忘れてはならないという意味で教えているのだと思うのであります。また、恩についての諺も沢山あり、まず親に対する恩は、

子を持って知る親の恩

は、子供を生み育ててみて初めて自分が育てられた苦労やありがたさ、恩が分かるということであり、

父・母(親)の恩は山よりも高く、海よりも深し。

白き骨は父の恩、肉叢(ししむら)は母の恩。

肉叢とは血肉のことであります。

報じても報じ難きは父の恩、感謝しても感謝し難きは母の恩。

或いは又、

親の恩は子でおくる

おくるとは報いるという意味であり、親に対する恩は報じきれず、返しきれません。ましてや今は亡き父や母には返しようにも返しようがない。ではどうしたらよいか。そこで、親の恩は子をしっかり育てることによって償われると。

子供をいいかげんに育てるような、或いは子供が世間の迷惑になるように育てるということは、親不孝の因でもあり、自分達にとっても心配や不安の種になると。それは、道理や感恩が分からないからであり、親に慈しみ育てられたという親自身に自覚がないから子供をしっかり育てられないということにもなると思うのであります。或

いは、

生みの恩より育ての恩

とよく言われますが、ましてや生み育てられた恩は大変なものと自覚しなければならないのであります。生んで頂いた恩は時間でいうとそんなに長い時間ではありません。しかし、育てる苦労というものは長い長い時間がかかり、ましてや生み育てて頂いたその恩は筆舌に尽くせないものがあり、犯罪には時効があっても、恩には時効がないことを銘記すべきであります。

大自然・神に対する恩は、

親の恩は返せても、水の恩は返せぬ

と。これは大自然の恵み、営みに対する恩で、その大自然を司る親神の恩に応えるには感謝と喜びで日々を生き生きることでしか報恩はできないのであります。これが神に対する恩返しだと悟る次第であります。

提灯借りた恩は知れども、天道(月日)の恩は忘れる

と、日々の些細な恩は忘れず分かってはいるが、大自然の大きな恩には気付きにくいことの譬えであります。私達が、昼夜天地抱き合わせの中で、慈しみ育てられているという大恩をついつい当たり前のように思い、忘れがちなことを戒めている諺でもあ

ります。忘恩の戒めは「動物の恩返し」での話が多くあり、動物でさえ報恩をするのだから、人間は尚のこと恩を忘れずにと。私達人間には心がありますから、しっかり「心の領収証」を持たねばと思うのであります。

《これまで何時どう成るとも、どういう心に成るとも分からなんだ。教祖の蔭、神様の蔭や。》　（M28・3・18刻限）

と、人間は何時どういうことになるか、どういう心に成るか分からない。しかし、今日の日こうして結構にあることを考えた時に、それは教祖のお蔭、親神のお蔭と自ずと分からねばと。

私達はよく「おかげさまで」と言いますが、影とは光があるから影ができるので、その光が守護であり、恩でもあり、存分に光に浴さなければ影が薄いように、守護を頂かないと影が薄いということにもなり、「おかげさまで」とも言えなくなるのであります。守護という徳を頂くことであります。

たん〱とをんかかさなりそのゆへハ
きゆばとみへるみちがあるから　（八—54）

と、1711首ある「おふでさき」に、たった一首だけ「恩」についてのお歌があります。
牛馬は背骨が地に対して水平でありますが、地に対して背骨が垂直なのは人間だけであります。これは何を意味するかというと、牛馬とみえる道とは「身上」(病)を意味すると悟るのであります。病むということであります。人間が人間として機能を発揮できるのは起きている時で、その時背骨は地に対して垂直ですが、昼夜を問わず背骨が地に対して水平ということは病に伏すということであります。段々と恩が重なっていくと身上になることをお諭しくださっているのではないかと悟るのであります。身上になればどんな財や金品、地位名誉があろうが何の意味もなくなり、身上壮健であればこそ、全てが役立ち意味が出て来るので、故に身上壮健であるということは素晴らしいことなのだと恩に感じ、その証として報恩をすることだと思う次第であります。

「恩が重なる」ということは非常に怖いことだと言えます。では、どうしたら「恩が重ならない」ように歩ませていただけるのか。「恩」は「徳」というものと非常に関係があり、恩に全てが圧し潰され、神の十全の守護も「徳」も弾き出されてしまうことが「恩積もり」と悟り、それ故にどうあっても恩に応えて行かなければならないと思うのであります。

「おふでさき」には一首だけですが、「おさしづ」には「恩」に触れたものが数々あります。その一つに、

≪人間我が子までも寿命差し上げ、人を救けたは第一深きの理、(中略)救けて貰た

人はまめで居る。救けて貰ただけで恩は知らん。(中略)我が子まで亡くなっても救けた人の心、(中略)たすけ一条の台という、こら諭さにゃならん。(中略)救けて貰た恩を知らんような者を、話の台にしてはならん。》(M32・2・2夜)

と教祖の救けの台について教示されており、また、

《一条の話はどうでもこうでも運んでくれるのが、恩とも言う又為ともいう。》

(M27・3・4夜)

このたすけ一条の話、一筋の話はどうでもこうでも運ぶということで、「運ぶ」とはこの道の話を説くことだと思案するのであります。聞きっ放しで話を人に説かないことが恩積もりになるのではないでしょうか。教祖は、救けていただいた御恩をどう返したらいいかという問いに「救けていただいた日の喜びを人様にお話しさせてもらいなされや」と仰った。それ故に、どうあっても私達はこの道の話を、堅苦しく思わないで、普段着でこの話を知らない人達に話すことが大切な報恩と。そして、それがまた「徳」を高めていくことにもなると思うのであります。

「おさしづ」に

《信心しても、こんな事と思うてはならんで。それでは、何ぼ信心しても、それだけの徳は無きもの。》

(補遺M27・9・26)

とあり、それは、こんなに信心しているのに、こんなに運んで尽くしているのに、ちっとも守護がない、と思うような信心では徳は頂けないと。

《不自由の処たんのうするはたんのう。徳を積むという。受け取るという。》

（M28・3・6）

徳を積むと私達は簡単に言いますが、この恩を報じていくということは徳を積むということにも通じ、何とか分かってもらいたい、何とか救かってもらいたい、とこの道の話をさせていただくことでありmます。布教の道中ですんなり聞いてもらえないことや、嫌な不快なことも多々あるでしょうが、それを押して続けるところに徳が高まり、神が受け取るとお教えくださっているのであります。相手がどのように誹謗しようと、どういうふうに思われようと、しっかりこの道の話をすることではないでしょうか。

二下り目の三ツに「みにつく」とありますが、これは徳が身に付くという以外の何物でもないと悟るのであります。例えば、病んでいる人は、いい服などは身につきません。つけようがない。食べ物でも、病んでいる人は、身につくどころか入らない。入らなければ身につくわけもない。身につくとは「徳」がないと身につかず、総てが身につくように、また生き生きとした豊かな人生を送る為には、身につけなければならないことがたくさんあり、それは「力」が身についてこなければなりません。吸収力・理解力・洞察力・判断力・実行力・創造力・忍耐力・気力・魅力・経済力・活動力・体力・生命力 etc. みな力です。「力」は「徳」と悟るのであります。

《贅沢して居ては道付けられん。聞き分け。草鞋はいてだん〳〵運び、重く徳積んでこそ理が効く。》（M31・11・4）

と諭され、「贅沢」とは、何もうまいものを食べたり、いいものを着たりすることではなく、何でも自分のものにしてしまう欲のことだと思うのであります。だとしたら、時間を朝から晩まで自分のものにするということが一番大きな贅沢ではないでしょうか。自分の時間をたっぷり自分のためだけに使い、人に分け与えない。自分に与えられている「時」という与えを終始自分のためだけに使い果たす。さらに、人の時間をも取るということ。これが大きな贅沢だと思うのであります。病むことは全てが自分の時間です。人を救けるということは、人に時を与えなければできません。「贅沢して居ては道付けられん」です。

恩が重なることは怖いことで、徳が皆逃げて行ってしまうので、しっかり恩を報じて行くことが大切なことであります。一番の徳積みは、聞かせていただいたこの道の話を一人でも多くの人に聞いてもらおうと努力することです。そして、身近な親々の立場の人に喜んでもらうことであり、親神様・教祖に喜んでいただくということであります。私達にとって、親に喜んでいただくということは無上の喜びの筈であり、親が「ありがとうね。ご苦労様ね」と言ってくれたら、こんな大きな安らぎはないと思うのです。ましてや教祖に「ご苦労様やったな」というお言葉が頂けたらと思いつつ一生懸命やらせていただくことが、それが報恩であり徳を積むということではないでしょうか。

報恩とは、恩に応えること、恩に報いることで、恩とは、私でしたらば、親や先人やいろいろな人が、私のために誠の心でいろいろ思いを込めて育ててくださったことに対し、そういう誠に応えること、それが報恩と悟るのであります。例えば、親の恩は、これは尽きせぬ恩で、返すことができないものと思います。では、どうしたら報いることができるかということになりますが、それは、育てていただいた恩は立派に育てさせていただくことで、育てていただいた恩が返せると思案するのであります。親子の関係でしたら、我が子をしっかり育てさせていただくということだと思うのです。さあ、その次であります。信仰という理合の上で、私達が今日の日までこの教えをここまでお教え導いてくださった教えの親を始め多くの先人方。元をただせば、親神様・教祖ですが、その間いろいろな方にいろいろと手ほどきをしていただいて、今日の日まで育てていただいたこの恩を、どうしたら返せるだろうか。これを思う時に、それは返すことはできません。ではどうしたらいいかと言うことになりますが、それは私達が育てていただいたと同じように、人を救け育てさせていただくことだと思うのであります。これで救け育てていただいたことに対しての恩返しになると思うのであります。さもなくば、育てられっぱなし、貰いっぱなしであり、恩が溜まる一方で、恩に埋もれてしまうことになると思うのであります。一人でもいい、まずは身の回りから、かのマザー・テレサが言われた「**Love is Action.** 愛とは行動なり」から悟ることは、「信仰とは実行なり」ということが想起でき、そして、「愛は身近な人から始めよう」からは、私達の身の回りからこの教えを伝えることが大事なことだと悟るのであります。アメリカ人を「にをいがけ」できますか。フランス人を「にをいがけ」できますか。もっと縮めて日本の中でも、私達東京にいる人には大阪の人を「にをいがけ」できますか。それはできません。私達と触れ合う身近な人達から「にをいをかけていく(教えを伝えること)」ということが、大事なことではないだろうかと。

そしてまた、徳ということですが、徳は力であり、力は目には見えませんが、厳然として形に現れ、存在しているのであります。因みにどんな力があるか。私達の体の中では、例えば見る力「視力」、聞く力「聴力」、そしてまた、食べたら消化し吸収する「消化力」「吸収力」という力。いろいろな力があります。腕の力を「腕力」と言い、足の力は「脚力」と言って、全て力であります。そういう力がなければ、私達は一日たりとも恙無く、無事に暮らすことができないのであります。故に、そういう力を平均に授けていただくことが大切なことで、頂かねばならない力はまだまだたくさんあります。前述したように「理解力・想像力・判断力・知力・体力・忍耐力・行動力」はたまた、「魅力」という力もあります。人を引き付ける力であります。この力がなかったならば、寂しいかぎりであります。魅力がないのですから、引き付けるどころか、みんな去って行ってしまうようでは…。

自然の中では、「風力」「火力」或いはまた「水力」という力学的だけではない水が持っている、水の性質の力。全てこの世界、神の力で成り立っていることを考える時に、私達自身にも力を授けていただかなければ何一つできないのであります。その力を頂くことを、徳を頂くと表現しているように、徳とは力であると。ちょっとしたことでもすぐに負けてしまうような人は、「忍耐力」の守護を頂くとか、或いはすぐ途中でやめて続かないような人は「持続力」という続けていく力を授けてもらう。いろいろな力がありますが、これを培うことが大切であり、これは自分で努力することもさることながら、親神に授けていただかねばならぬことであります。もっと身近なことでは、自然治癒力という、神の借りものである自らの体を治す力、その力が弱くなってくると、所謂いろんな病魔に苛まれ、現代の難病と言われている癌もそうでありますが、須くはこの力、徳という力を頂かなければなりません。

最後に、徳とは目に見えぬ魂に備わる、目に見えぬ力であり、神の働きという力であると思うのであります。これは地位や名誉や財があるとかないとかに関係のない力で、徳のある人とは、天の理法が抵抗なく分かり、それに沿っていける力を持った人です。そして、この天然自然の理に素直な人は神に守られますが、反対に徳のない人とは、天の理、神の理を理解する力がなく、己の都合による理論を先行させ、この天然自然の理に沿えない人であります。では、徳という力をつけるにはということになりますが、それは、教えに沿い、我が癖・性分を見直し修正しつつ、今頂いているその徳を減らさず、ますますの力を授けていただけるように、神のもとに運び・尽くし、人を救ける実行をすることだと思うのであります。

繋ぐ・繋ぎの大切さ

この世との、また人と人との縁の繋ぎ、親子、夫婦間の繋ぎ、この「繋ぐ」、「繋ぎ」ということですが、繋ぐという意味は、一本の赤い糸と、もう一本の白い糸があるとします。それらを一続きにして、解け離れないようにすること、これが繋ぐという一番目の意味であります。二番目の意味は、離れている心と心を結び、互いに心が通じ合うようにする心的繋ぎ。三番目は、とぎれそうなものを持ちこたえるようにすることで、例えば人の命など何とかこの世と離れないようにと、また夫婦、親子をはじめ、人と人との縁など途切れないように何とか持ちこたえるようにすることを繋ぐと言います。繋ぐとは物理的な面と、精神的な心的な二面があります。特に縁と言うことになると、両者の繋がりなのであります。

ある大企業の創始者の話の中に、

小才は縁を知らず、縁を活かさず、
中才は縁を知ってはいるが、縁を活かさず、
大才は縁を知り、縁を活かす

という話がありましたが、まったくその通りで、感性の豊かさ、有徳の高さを知るところであります。

縁とは或る運命になるめぐり合わせであり結び付きですから、大切にし、縁を簡単に考えずに、むしろ縁を活かしていかなければならないと思うのであります。

それ故に、神との縁ができたら、しっかり結んで行かなければならないし、結ぶということは繋ぐということですから、この繋ぎを確かなものにすることだと思うのであります。

切れてはいけないもの、切ってはいけないものは繋がなくてはならないので、夫婦、親子、人と人との縁、神との縁などがそれで、そういう縁は切れても、切ってもいけないし、つとめて繋いでいかなくてはならないのであります。それは言葉でつなぎ、金銭・物で繋ぎ、身で繋ぎ、心で繋ぎ、神との繋ぎは神の何に繋いでいくかというと、親神の十全の守護と繋いでいかなくてはならないということであります。

私達は日々飲み食いをし、吐く息吸う息をしています。親神の十全の守護があるからこそ不自由なく生活できるのですが、十全の守護が途切れるとこの世との縁がなくなり、縁を結んでいる命が危いということになるのであります。

さて、この世では特に金銭は繋ぎの大事な役割を果たしています。巷でも「金の切れ目が縁の切れ目」などと言い、金銭の繋ぎが切れるとそれで縁も切れてしまう場合があり、金銭は大変な役目をしているのであります。お客に買う力がなくなると商人との縁が切れ、逆も言えることです。金銭は繋ぐ大事な媒体、媒体的な役割を果たすものであり、またその力を持っています。

金銭だけではありませんが、「繋ぎ」「繋ぐこと」と金銭とは切っても切れない関係があり、特に金銭は繋ぎの頂点、かなめであり、大きな力を持っているのであります。教祖は金銭については「身上がもとや」と言う逸話の中で、「金銭は二の切り」と教えられ、次のようにお話し下されております。

「命あっての物種と言うてある。身上がもとや。金銭は二の切りや。今、火事やと言うたら、出せるだけは出しもしようが、身上の焼けるのも構わず出す人は、ありゃせん。大水やと言うても、その通り。盗人が入っても、命が大事やから、惜しいと思う金でも、皆出してやりますやろ。

悩むところも、同じ事や。早く、二の切りを惜しまずに施しして、身上を救からにゃならん。それに、惜しい心が強いということは、ちょうど、焼け死ぬのもいとわず、金を出しているようなものや。惜しいと思う金銭・宝残りて、身を捨てる。これ、心通りやろ。そこで、二の切りを以て身の難救かったら、これが、大難、小難という理やで。よう聞き分けよ。」

『教祖伝逸話篇』

と。その他、繋ぐ役割を果すもので目に見えないものでは言葉、或いは心、そして物や仕草・動作、私達の身であります。金銭は今申し上げたように、非常に重宝なもので、どんな物にも姿を変える力を持っており、それ故に人間を駄目にする魔力もあり、また真実という力や姿にも形を変えるのであります。金銭は繋ぎの大きな力を持っていますから、たすけ一条という親神の御用の上に使うと、目には見えませんが、繋ぎの力や、誠や徳という姿に変えて現れ、働いてくれるのであります。金銭は変幻自在でありますから、人救けの上に使うと素晴らしい力に変ってくるので、繋ぎ、繋いでいくことが大切なことと申し上げる次第であります。何に繋がるかと申しますと親神の十全の守護に繋がり、金銭とはそういう素晴らしい力を持っているのであります。

繋ぎは十柱の神様では「くにさづちのみこと」の働きで、姿は亀であります。人間身の内では女一の道具、皮繋ぎ、世界では金銭、縁談、よろづ繋ぎの守護と言われ、亀というのは頭と尾が同じ高さで、所謂低い姿、低い心、平身低頭の姿、これは何を象徴しているのかというと、耐えるということ、又たんのうの心の姿であります。親神はこういう道具を引き寄せて人間に仕込まれました。特に男性は女性に比べて繋ぎは不得手で、女性の方が繋ぎの能力ははるかに高く、それ故につなぎの主役は女性であると言っても過言ではありません。女性は男性に比べて耐える力もたんのうの心も強く繋ぎの能力を十分に持っており、全ての繋ぎの力を発揮できるのであります。その反対に、不足、不満、立腹等は切れて行く理でありますから、腹を立てたり不足をすると全てが切れて終わりになるのであります。神は、

《繋ぐだけ繋ぎ、皆手を繋ぎ、これでこそと、早く繋ぐの理を運ぶよう。》
（M21・10・12）

と繋ぎの理を諭され、或いは又、

《一つ手を繋ぐ模様。一つ〳〵治めにゃならん。一つ手が繋がにゃならん。切れた事なら切れた処から火が入る、風が入る、水が入る。怖わい恐ろしい。誠続く理があれば、どんな中でも怖わい事は無い。》
（M24・12・19）

《縁談一つ、心と〳〵縁繋ぐ事情、心と心繋いだら生涯と言う。》（M28・6・24）

逆に心と心が繋がっていなかったなら形は生涯でも心はバラバラ別々ということになり、昨今はやりの家庭内離婚ということにもなり、親子、兄弟の断絶、家族崩壊にもなりかねないのであります。心と心を繋ぐことが何よりのことと神は教えて下さるのであります。

《必ず〳〵悔むやない。悔むだけ心を繋げ〳〵。…泥水の間は、どんな思やんして

もどうもならん。心一つの理を繋げ〱。》（M29・4・21）
悔む時間、悔む暇があったら繋ぐことであると。一時は悔み、悩むこともやむを得ませんが、悔んでもことは進展して行かず皹(ひび)が入っていくだけで、それよりも努力をして心を繋げと教示されるのであります。

《手を一つに繋ぎて行くなら、何処までも連れて通る〱。》（M31・3・25）
要するに心が繋ぎ合えれば手を繋ぐこともでき、手を繋ぐということは、繋ぎの一つの形で夫婦、親子、人と人、理の上では親神と繋いで行くならば、神はどこまでも連れ通ると。

《たゞどうなるも心繋ぎ〱日を楽しんで行くなら、どんな難しい処でも連れて通る。》（M33・5・19）
と、心を繋いで日々を陽気に楽しんで暮して行くならば、どんな難しい問題に直面しても神は解決の方向に連れて通ると。私達はこの繋ぐということをもう少し意識し心に置いて日々を通らねばと、糸のような細いものよりもその糸を縒り合わせて紐にし、紐を縒り集めて縄にし、縄を太い綱にして、親神と私達一人ひとりがしっかりと綱で繋がるように心掛けて行くことが大切なことではないでしょうか。

「切る」その大切さ

「切る」という意味はどういうことかというと、
一、一般的には力を加えて一続きのものを分離、分断することですが、
二、もう一つの意味は、結び付けているもの、関係のあるものを引き離すことで、例えば、縁を切る等です。
三、最後まで仕終えるという意味があり、最後まで遣り通すこと。例えば、使い切るとか読み切る、果たし切る等です。また、神が思召されるのは、ただ単に洗うとか澄むとかではなくて、澄み切るとか洗い切るということで、残さず最後まで仕終えるということであります。『みかぐらうた』の五下り目、

三ツ　みづとかみとはおなじこと
　　こゝろのよごれをあらひきる

と、心を洗って洗って、最後まで洗い通して行くということです。八下り目、

十ド　このたびいちれつに
　　すみきりましたがむねのうち

と、澄みましたではなく、澄み切りましたと、最後まで残すことなく仕終える、完成させるという意味があります。
四、これまた大事な意味があり、それは「やめること。ずっと今まで思っていたこと、やってきたこと、続けていたことなど、それをやめること」であります。例えば「思い切る、断ち切る、振り切る、仕切る、割り切る、区切る」といったように、やめることを強く心に決めることであります。このように、「繋ぐ」ことも大事ではありますが、それと同じように「切る」ことも如何に大切かということであります。ただ、一つ間違うととんでもないことになりますので気を付けねばなりません。切ってはいけないものを切ったり、切らねばならないものを切らなかったりすることであります。例えば、切ってはいけないものを切るということの譬えで言えば、『桜切るバカ梅切らぬバカ』という諺がありますが、これは木の性質から、桜は弱い木ですから切ったところから腐るので切ってはいけないと。ところが梅という木は強い木ですから、枝を剪定してやらないといい花が咲かない、いい実が実らない。それを知らないから、桜を切ったり梅を切らなかったりするのであります。そこで、私達にとって、切らねばならないものは何かと言えば、それは我が身にまつわる、欲にかかわる心や物事で、それを切らねばならぬということではないでしょうか。二下り目に、

五ツ　いづれもつきくるならば

六ツ　むほんのねえをきらふ

と「むほん」の根を切ろうではないかと。「むほん」には二つの意味があり、時の為政者や国に逆らって兵を挙げること、もう一つの意味は、無分別なことをすること、わけのわからないことをすることなのであります。私達にとっては、二番目の意味するところが大切なのであります。たすけて頂いた神や恩人と縁を切るとか、或いは結構に守護されているのに喜べないとか、感謝できないとか、無分別なことであります。しっかり仕切られてないのであります。それ故に、いついつまでも信心をし、ついてくるならば、むほんのねをきらふではないか、分別よくやってくれと、このように悟るのであります。月次祭とは、たすけて頂く元であり、感謝やお礼をする祭典でもありますが、分別があれば参拝しない筈はなかろうと。それを平気で参拝しないということは、我が身にまつわる欲や都合や勝手に捕われて、切らねばならないものを切らないでいることにもなると。四下り目に、

九ツ　こゝはこのよのごくらくや

わしもはやく〳〵まゐりたい

十ド　このたびむねのうち

すみきりましたがありがたい

と、極楽には誰でも行きたいであろうが、極楽とは黄泉(よみ)の世界にあるのではなく、「こゝはこのよのごくらく」とお教え下さるように、それは誰彼が決めるのでもなく、ここが極楽なのか地獄なのかは、私達の心が決めるのであって、神が決めるのではないと。この世を極楽にするのも地獄にするのも我が心一つ、ということであり、この世、ここが極楽なのだ、結構なのだ、ありがたいのだという心に、澄みましたではなく、本当に間違いないと澄み切ることを教示されているのであります。十下り目にも、

四ツ　よくにきりないどろみずや
　　こゝろすみきれごくらくや

と、これも極楽についてお教え下さっているのであります。欲や高慢の心を思い切り、断ち切り、心が澄み切れば、至るところ極楽になると。『みかぐらうた』を鵜呑みにしないで、じっくり噛み締めて唱和させて頂く時、「なるほど」と胸に響いてくるものがあるのであります。そして十二下り目には、

七ツ　なにかめづらしこのふしん
　　しかけたことならきりハない

と、陽気普請には切りが無いということ、際限のない末代に亙っての心の普請で、「きりはない」とお教え下されていると悟るのであります。

さて、切る守護を司るのは、十柱の神のうち七番目の神、「たいしよく天のみこと」であります。出産の時、親と子の胎縁を切り、「出直し」の時はこの世との縁を切って下さる神。人間の出直す時や生まれる時は、この神の守護がなかったら、生まれて来ることも、生まれても出直すこともできないのであります。そしてまた、草木が芽を出すには、被っているものがはじけ切れないと芽が出ないので、種物の芽ハラを切り、歯でものを噛み切り、そして胃や腸が食べ物をこまかく消化する働き、また悪因縁を切り、欲の根を、病の根を、むほんの根を切るのも全て、この七番目の「たいしよく天のみこと」の働きであります。

二下り目

七ツ　なんじふをすくいあぐれバ

八ツ　やまひのねをきらふ

と、神が病の根を切って下さる。それには条件があり、どういう条件かといえば、「なんじふな思いをしている人達を救い上げれば」ということであります。難渋を救い上げないで、病の根を切ってくれと、これが「むりなねがいはやめてくれ」ということになるのではないかと。さあ、病の根を切って頂きたかったら、難渋な人達を救けてあげること、即ち「人救け」をすることによって、親神は病の根を切る働きをして下さると言うのであります。

わかるよふむねのうちよりしやんせよ
人たすけたらわがみたすかる　（三―47）

そして、「たいしょく天のみこと」は七番目の神で、八つのほこり（をしい・ほしい・にくい・かわい・うらみ・はらだち・よく・こうまん）で言えば、七番目の「欲」であり、その働きは妊娠七ヶ月目の働きで、胎児の腸や肛門（痔や肛門閉鎖）に神の手入れを頂くと。（『身上さとし』より）腸の弱い人、痔持ちの人、たいしょく天のみこと、これは欲を減らすことによって守護を頂けると思うのであります。たいしょく天のみこと、その姿は「ふぐ」であります。ふぐは叩くとプーッと膨れ、人間も怒ればプーッと膨れて、それが高ずれば、夫婦の縁も親子兄弟の縁も切れてしまいます。また、「たいしよく天のみこと」の働きをいい方に頂かないと、誰も出直したいと思う人はいないでしょうが、たとえ出直す状態にあっても、なかなか出直せないでいつまでも意識不明で厄介にならねばならないとか、或いは出直すに出直せないで苦痛を味わうというようなことになると。それから、血管破裂や脳梗塞とか脳溢血、或いは鼓膜破損。私もたいしょく天様と縁が深く、四歳と六歳で二回も耳の手術をして、その結果鼓膜に穴があいている鼓膜損傷の一人でありますが、お陰で難聴な思いをしたことはありませんが、我が身にまつわる欲や都合や勝手の心を切ること、思い切る・断ち切る・振り切る・仕切る・区切る・割り切るということを、いい方向に活かすように心掛けております。我が身中心の思いをいつまでも引きずらず、一刀即断に切る。なぜ切らなければならないか。それは切らないと手枷足枷を嵌められているようなもので、一歩も先へ歩を進めることが難しく出来ないからであります。いつまでも思いを引きずり、持ち続け、心から離れないものがあると、一歩を踏み出すことに非常に手間取り、勢いよく出られないからであります。例えば、どうしてもにをいがけ・おたすけに出られない。或いは、ひのきしんに、尽くし運びに一歩を踏み出せないのは、何か心に断ち切れないものがある。欲に結び付いていることもあるでしょう。我が身の思案にへばりついていることもあるでしょう。また、自分の勝手都合、癖性分、そういうものに取り付かれていることもあるでしょう。どうもこれはやりにくい得手ではないとか、どうもこれは嫌だとか、そういう癖性分に取り付かれている時は、踏み切ることはできません。そういうものを一刀即断に断ち切らねば、力強い一歩は踏み出せないのであります。切ってはいけないものは繋ぐことであり、切らねばならぬものは切らねばならないし、その仕分けが非常に大切なことだと思うのであります。それこそ「切る」ことを間違えるとプラスになるものもマイナスになったり、切らねばマイナスがいくらでもついてきて一層マイナスを呼び込んで来るということにもなります。その仕分けは天の理を伺い、教えという定規に沿って、懸命に親神に願い凭れて行くところに、何か指示が頂けると思うのであります。

《いかなるいんねんも尽し運ぶ理によって果たす、切る、という理から思やんもせねばならん。一代ではない程に。末代という理なら、大きい理である程に〳〵》

(M30・10・5)

と。因縁が深いから、或いは徳がないからたすからないのか、守護が頂けないのか、そんなことはありません。みんな不徳な者同士であります。果たす、切る、守護は全て神がして下さる。私達は、尽くし運ぶ理をしっかり実行することで、末代を思案に入れて懸命に通るところに、自分一代だけではなく子々孫々に至るまで大きな理の栄えが芽吹くと。

《どうなりこうなり心のたんのう有るか無きか。めん〳〵心に切りての心ある。これから先という、もうどうしょうこうしょうと言うは、これは捨言葉と言う》

(M34・6・25)

「たんのう」とは繋ぐ理で、切る理ではありません。その繋ぐ心が有るや無しや。
私達の心には、切らねばならぬものを切らず、切ってはいけないものを切る心があり、先を案じず、神の心に凭れつけというのに、どうしようか、こうしようか、という迷う心は神を無視しているも同然と、暖かくも厳しくも教示されており、
九下り目には
二ツ　ふじゆうなきやうにしてやらう
かみのこゝろにもたれつけ
とお教え頂くように、案じないで、あちこちと迷わず、一筋に進ませて頂きたいものと思う次第であります。

埃

―ほこり心―

黄砂、東京も空が黄色くなる程、中国大陸から砂が成層圏にまで舞い上がり、海を渡って日本に飛んで来る砂ぼこりであります。この砂ぼこりですが、ほこりとは空中に飛び散る細かなゴミのことを言います。その埃ですが、私達は日々埃の中で生活していると言っても過言ではありません。日の光が差した所に目をやると、埃が浮遊していて息をするのが嫌だなと思う時があります。しかし、日が翳ったり差さなかったりすると分からないので、何もないように思うのですが、スウーッと日が差すと埃が目に見えるのです。目に見える大きな埃さえ見えない時があるのですから、まして小さな埃や、心の埃なぞは全然分かりません。心の埃は、光を当てても写りませんが、その埃が如何に私達の日々の暮らし、陽気ぐらしという暮らしを遮り邪魔をしているかということであります。

教祖は、私達の陽気ぐらしに結び付かない良くない心の使い方、それを埃に譬えてお話しくださいました。埃に譬えて心の汚れを諭された。その汚れは何かと言えば、埃心なのであります。「やまひのもとハこゝろから」と本当に心から信じている人がどれほどいるかと言えば、何か他の事に原因を転嫁し、本当に「我が心から」だと思う人は、そんなにいないのではないかと私自身も反省するところであります。病の元はどんな心からかと言えば、埃心で、これが病の元であるということを、私達は改めて認識し直さねばならないと思うのであります。なぜそのように申し上げるかと言うと、

なにゝてもやまいとゆうてさらになし
心ちがいのみちがあるから　（三―95）

このみちハをしいほしいとかハいと
よくとこふまんこれがほこりや　（三―96）

ほこりさいすきやかはろた事ならば
あとハめづらしたすけするぞや　（三―98）

とお教えくださっているからであります。陽気ぐらしに対しての心得ちがいを、神が正してやろうというのであります。

なにゝてもたすけ一ちよであるからに
むほんのねへをはやくきりたい　（三―144）

いまのみちほこりだらけであるからに

ほふけをもちてそふぢふしたて　（三—145）

と。「むほん」とは、無分別なことを思ったりしたりすることであります。その意味では私達は毎日むほん、即ち、無分別な考えや行いをしているとも言えると思うのであります。それは、埃心が原因で無分別なことをしているということであります。

十ド　このたびあらはれた
　やまひのもとハこゝろから　（十下り目）

という教えをしっかり心に治め、病の元は心でも、埃心であると。大それた心ではなく、日々積み重ねて行くちょっとした埃心、これを掃除をしないが故に積もり、積もり重なって癖となり性分となり病となって行くのだということをお教えくださっているのであります。

一れつにあしきとゆうてないけれど
一寸のほこりがついたゆへなり　（一—53）

せかいぢうどこのものとハゆハんでな
心のほこりみにさハりつく　（五—9）

と、心の埃をしっかりと払うこと。「あしきをはらうてたすけたまへ天理王命」と、我が心の埃を払うには、教会へ月に一遍や二遍の運びやつとめでは足りないと思うのであります。毎日やらねば、それこそ積もり重なって、何年も続けて掃除をしなければならなくなると思います。毎日〳〵こまめに掃除をすることが大事なことで、そこから教会、即ち神のもとに運ぶということも生まれて来るのであります。何の為に運ぶのか。それは、お願いと御礼と、そして心の掃除であります。

どのよふないたみなやみもでけものや
ねつもくだりもみなほこりやで　（四―110）

例えば、熱が出たとします。すると、風邪で熱が出たとか疲れ過ぎでとか、私達はすぐそのように原因を探りますが、もう一歩深く思案すると、その元はと言えば、

一れつハみなめへ〳〵のむねのうち
ほこりいゝばいつもりあるから　（八―61）
このほこりすきやかそふぢせん事に
月日いかほどをもふたるとて　（八―62）

と、この掃除を怠るから、親はなんとか守護してやりたいと思っても、埃が一杯詰まっているから、せん術ないと。早く掃除をしてくれと。教祖は、

「どんな新建ちの家でもな、しかも、中に入らんように隙間に目張りしてあってもな、十日も二十日も掃除せなんだら、畳の上に字が書ける程の埃が積もるのやで。

鏡にシミあるやろ。大きな埃やったら目につくよってに、掃除するやろ。小さな埃は、目につかんよってに、放って置くやろ。その小さな埃が沁み込んで、鏡にシミが出来るのやで。」

（『教祖伝逸話篇』一三〇）

と、仰せ下されています。

『おさしづ』ではどのように教示されているかと言えば、

《人間というものは、身の内かりもの八つのほこり、この理を分かりさいすれば、何も彼も分かる》

（M21・7・4）

とお教えくださり、「身の内かりもの八つのほこり」即ち、をしい・ほしい・かわい・にくい・うらみ・はらだち・よく・こうまん、のこういう心の使い方を埃に譬えてお話しくださり、やむを得ず埃心を使ったら、一時も早く掃除をすることであります。

親神は、

《神の自由して見せても、その時だけは覚えて居る。なれど、一日経つ、十日経つ、三十日経てば、ころっと忘れて了う。大ぼこり〱、提げ出す、担い出す。積もる。後向いても、何っ処にも橋が無い。神が除いて了たら、是非が無いで。（中略）ほこりありては、大雨大風で吹き流されて了うも同じ事。そこで、諭した処が、理が立たん。立たんやない。立てんのや。立てんからほこりの台となる》

と、結構に守護されたその時は、誰でもありがたいと思うのですが、日が経つと人の常として忘れてしまう。嫌なことを忘れるのはいいけれども、大事なことを忘れてはいかんと。それが埃となり、神がスッと引いたら、丁度橋がなくなったようなもので、引き戻るに戻れなくなり、また、親神の教えの理を立てないから、埃の元となると。

（M31・5・9 夜）

《心にほこり無くば身に切なみも無い。これ心得てくれたら綺麗なもの》

どこか身に苦しいところ、耐えがたいところがあるということは、心に埃があるからとお教えくださり、或いはまた、人は我が身が可愛いから、自分の都合のいいことしか言わないことを戒められ、例えば、あの人をたすけてあげたいと思っても、本当のことをいうと憎まれるのではないだろうか、嫌われるのではないだろうか、疎まれるのではないだろうかと我が身を思い、口に出しては言わない。それを

（M31・5・9 夜）

《互いに遠慮は要らん。遠慮は追従になる。追従は嘘になる。嘘に追従は大ぼこりの台。この理さえ聞き分けるなら、日々吹き払うようなもの。これ聞き分け》

（M31・5・9 夜）

と。相手の様子を伺い、機を見て真実誠の心を持って、人にも家族の中でも本当のと

ころを諭してあげることが大切な事ではないでしょうか。例えば、我が子に関して、このままでいいのだろうか、このままでは先行き碌でもない者になるであろう、しっかり丹精せねば、仕込まねばという思い、これが真実だと思うのであります。

今時の子供達を見てください。親としての社会的責任感や意識が欠けていたり、真実がなかったり弱かったりするので、親に対して子供が平気で恐喝したり、殺人を犯す低年齢層の事件が多発しているように思えるのであります。恐ろしいことであります。これは、親や教える立場の丹精や真実の欠落であります。

《日々八つ〳〵のほこりを諭して居る。八つ諭すだけでは襖に描いた絵のようなもの。何遍見ても美し描いたるなあと言うだけではならん。めん〳〵聞き分けて、心に理を治めにゃならん。この教というは、どうでもこうでも心に理が治まらにゃならん。あちら話しこちら話し、白いものと言うて売っても中開けて黒かったらどうするぞ》 （M32・7・23）

私も同様、ここでもう一歩も二歩も、この教えをしっかり心に治めて成人をさせて頂かねば、階段を登って行かねばと自戒する次第であります。埃というものは、細かくて目にはなかなか見えませんが、それと同じように、知らず知らずのうちに心の癖・性分も、気をつけていかないと埃を溜める因(もと)になると思うのであります。

『上臈(じょうろう)が立てば匂い立つ、下臈が立てばほこり立つ』

という言葉があります。上臈とは「年功を積んだ上位の僧又は上位の女官」を言います。高貴な人が座を立つといい香りがするが、下賤な者が座を立つと埃が立ち、同じ立ち居振舞いでも、人品の違いによって大きな違いが出て来るという諺であります。下臈とは、信仰的に言えばどういう者かというと、教えが分からず、不足が多く、感謝もなく、恩が分からない。そして、常にほこりを一杯撒き散らす人と悟ることができるのであります。有徳・高徳な人、つまり、この教えがしっかり治まっている人が立つといい香りがしてくると悟れるのですが、私達はこの教えをしっかり身に付けて、私達が立ち振る舞う所、いい匂いが立つような、そういう通り方をすれば、「にをいがけ」と言われる如く、いい香りが立っていくのであります。逆は、喜びを見出せず、不思議世界が分からず、何事も当り前と思い、そして不足の多い者が立ち振る舞うと、埃が立ち、その埃を私達は被る。私達は日々埃一杯の中で暮らしていますから、これも心ができていないと埃を被らなければならず、そういう埃をかけられないように、かけられても埃が身に付かないように、心に教えという確かなフィルターをかけて、徳を高め、恩に感じ、感謝と喜びを持って、埃の多いひとを救ける、所謂「人救け」に向かって歩ませて頂きたいものであります。

不足と八つのほこり

私達は日々の暮らしの中で、ほこり心を使わない人はいないと思います。ほこり心とは「をしい・ほしい・かわい・にくい・うらみ・はらだち・よく・こうまん」の八つのほこり心であります。この八つのほこり心が、私達の暮らしの中で一番形となって現れて来るのが「不足」であります。そこで、八つのほこりと不足との関係ですが、まず『おふでさき』の、三号**93**から百までの八首を見てみますと、

このもとをくハしくしりた事ならバ
やまいのをこる事ないのに　(三—**93**)

「このもと」とは、親神が人間をお始めくださった思い。即ち、人間が陽気ぐらしをするのを見て、共に楽しみたいという本元です。これを知ったならば病の起こることはないと。

なにもかもしらずにくらすこの子共
神のめへにハいぢらき事　(三—**94**)

この思いをちっとも分からないで、自分勝手に暮らしている私達人間は、ちょうど崖

っぷちを歩いている子供と同じようなもので、親としては見るに見兼ね、せつなく、いじらしく映り、何とかせねばというのが親の思い、親心であると。

なにゝてもやまいとゆうてさらになし
心ちがいのみちがあるから
（三―95）

本来、病というものはないのだが、ほこり心を日々積み重ねて行くから、どうしても病という形に現して戒めなければならない、諭さなければならない、それが親のせつない思いなのだと。『おふでさき』の十四号でそのことをはっきり言われています。

くちさきでなんぼしんぢつゆうたとて
きゝわけがないをやのさんねん
（十四―75）

それゆへにをやがたいない入こんで
とんな事をばするやしれんで
（十四―76）

と、これだけ色々諭して分らなければ、親神が私達の体内に入り込んで、どんなことをするやしれないと。心の立て直しをどうしてもしてもらいたいが故なのだと。親が体内にまで入り込んで、ちょっとバランスを崩す、それが病ですから、早くそれに気付いて心を立て直すということが大切であり、その立て直しを怠っていると、段々段々深みにはまって行くということであります。

とのよふなせつない事がありてもな
やまいでわないをやのさねんや　（十四―77）

病ではない、親の残念の印なのだということをしっかり受け止めて、親の残念が何かを早く悟り、的を外さず心の立て直しをすることが、この道だと思うのであります。親神は私達の体内に入り込んで守護もするが、陽気ぐらしをさせたいが故、色々と病という形でも表す。その親の思い、これを悟らなければならないと思うのであります。

このみちハをしいほしいとかハいと
よくとこふまんこれがほこりや　（三―96）

このよふのにんけんハみな神のこや
神のゆう事しかときゝわけ　（三―97）

ほこりさいすきやかはろた事ならば
あとハめづらしたすけするぞや　（三―98）

しんぢつの心しだいのこのたすけ
やますしなずによハりなきよふ　（三―99）

このたすけ百十五才ぢよみよと
さだめつけたい神の一ぢよ　（三―100）

その後は病まず死なずによわらずに
　心しだいにいつまでもいよ
　　　　　　　　　　　（四—37）

と、真の親の思いだと思うのであります。

さて、不足ですが、不足には八つのほこり心が四つ入っていると思うのです。まずよく。こうしてもらいたい、ああしてもらいたいという欲が入っています。その欲の思い・我が都合が適わぬ時、不平不満不足が出て来るのです。全てが自分に都合よく行けば、不足する人などいません。しかし、そんな暮らしがあるでしょうか。二人寄れば、必ず行き違いが出て来て、それが不足になります。そして、適えてくれぬ相手がにくくなり、うらみたくなります。自分の思い通りになりませんから腹も立ってきます。このように、不足をよく調べてみると、八つのほこりのうち、少なくとも四つが含まれていると思うのです。八つのほこりのうちの半分、四つも入っているということを意識しなければならないと思うのであります。不足は切る理とか、不足は詰まる理とか申しますが、その理由ですが、なぜ詰まってくるのかを考えることが大切です。それは、この四つのほこり心が入っているからなので、神が戒める八つのほこりの半分も入っている不足というものは、どうあっても避けねばならないものだと思うのであります。しかし、人間は不足をしますから、不足をしたら早く心の掃除をすることが大切であるとこの道で教えている所以であります。ここがこの信仰の素晴らしいところであり、日々続けていかなければならないところでもあると思うのであります。『おさしづ』に、

《成るよ行くよう。成ろうと思うても成らせん。この理をよく聞き分け。どれだけのものや、これほど信心するのに、というような心の者皆多い。これではいかん。誠ない。受け取るものはない。不足思えば不足になる》（M23・5・13）

無欲でやらしてもらうことが大切なことで、無欲とは、欲が皆無ということではなく、見返りを極力願わず望まず、することだと思うのであります。或いは又、

《これまで人間生まれ更わり分かりゃせん。身上ながらえて、不足なる心は持たずして、重々尽す理は受け取る。》（M23・10・28）

長生きされている方の中にも、けっこう不足を言っている人がいます。「いい加減うんざりだ。もういつ出直してもいい」などと。しかし、それはまだ死期が訪れていないから言えるのだと思います。素直に百十五歳まで行ったらいいのです。素直に百十五歳までよろしくと。その頃には、もういつ神のお迎えを頂いてても結構という心に心底なると思うのでありますが……。

《日々不足事情持たず、十分という心定めてみよ。》（M23・12・18）

十分なら、皆ありがたいという心が出て来るはずであり、心次第で十分という理が持てると思うのであります。それは、どういう心かというと、

《日々身上壮健なら、何不自由でも不足はない。》（M34・7・15）

とお諭しくださっています。健康であれば、どんなものが欠けていても、どういうことがあっても、《身上壮健なら、何不自由でも不足はない。》はずと。そういう心に一日も早くならせてもらえるよう努めよ、ということをお教えくださっているので、それは、陽気ぐらしをするため、そして、私達の身を永らえさせてもらうためなのであります。

《どんなこと聞いてもわからん。どんなこと聞いても不足もってくれんよう。日々どんなこと聞いても、この道よりなきという。案じなきよう》（M24・1・25）

つまらないことを聞いて、あれこれ取り沙汰するから不足が生まれてくるので、こだわらぬ心こそが動かぬ心であるとも言われる如く《この道よりない》とかたく思い、信じて凭れて日々を通れば、先を案ずることはないはずであると。いつか神が正しく裁くと信じ、つとめて満足する努力をする。満足は広く通ることができ、不足はあちらを縮めこちらを狭めます。

八つのほこり心の理合い、そして、不足には八つのほこり心の半分の四つが含まれ

ているということを常に心に置き、不足心を持っては何をしても好転しないと深く心に刻みたいものであります。不足の反対は「喜び」であります。喜びの少ない人は不足が多い。不足の多い人は、喜びというものは人から与えられるものだと思わず、自分から探していくものだと考え改めて、喜びを待っていてもなかなか訪れて来ない、否、めったに来ないので「喜びは、積極的に探すものだ」と悟れば、私達の身の回りには喜びはいくらでもあるのが分ります。今日も我が身・我が家が健康だ、ありがたいなあ、嬉しいなあと、ほんの小さなことでも喜びになって来ると思うのであります。

八つのほこり心と不足とは、別々のものではなく、切っても切り離せないものがあるということ、そのことがしっかり心に治まれば、不足は言えないものだと。八つのほこり心を思い浮かべれば、これはとんでもないことだと悟ることができるのではないでしょうか。

「悟り」について

「思い」「思う」ことを、私達は「悟る」と表現しておりますが、「悟る」「悟り」とは「物事に気がつくこと、知ること、感づくこと」、また、「迷いから醒めて真理を会得した境地に到達すること」で、いろいろなことからいろいろなことが悟れますが、日々の暮らしの中で、私達は、身近なことに忙殺され、あまりにも悟りがないように思うのであります。「悟る」などということは、自分のやることではない、縁のないことと考えがちになるやもしれません。しかし、信仰の有無にかかわらず、「悟る」ということは大事なことだと思うのであります。ましてや信仰を求め、この道を歩もうとする私達は、「悟り」がなくては先へ進むことはできません。

悟りとは何か。かの弘法大師(空海)の言を借りれば、「悟りとは、遥かなところにあらずして、心の近くにあるものなり」と。遥か山の彼方や大河の対岸にではなく、身のまわりにあると言われております。身近に悟るところはたくさんあり、迷いから醒め、本当のものは何かに気付き、真理である天理は何かを求めて行きたいものであります。

では、「迷い」とは何か。それは、間違いと誤解と錯覚でもありましょう。その中で私達は日々歩を進めているのですが、早くそれに気付き、本当のところを見極めることが「悟る」ということだと思うのであります。

「迷いから醒める」という場合の「迷い」には、金・欲・色香・利害・都合に迷うというのもその一つでありますが、それだけではなく、間違ってないか、誤解してはいないか、或いは、錯覚を起こしてはいないかと気付くことも、「迷いから醒める」ことであると思うのであります。

少々難しい話になりましたが、『おふでさき』で神は悟ることを「早く〳〵」と促されております。

このみちをはやくしらそとをもへども
さとりがのふてこれがむつかし　（四―46）

この道の真実を早く知らしてやろと思っても、気が付かないから、分らないから難しいと。

たん〳〵とふでにしらしてあるけれど
さとりないのが神のざんねん　（四―47）
だん〳〵とふてにしらしてあるほどに

はやく心にさとりとるよふ
これさいかはやくさとりがついたなら
みのうちなやみすゞやかになる　（四―72）
（四―73）

私達は日々、間違いと誤解と錯覚の中で生活をしており、欲や都合に迷っているので、神はそれが残念であり、そのことに早く気付き、真実誠を会得して、そういう境地に早くなってくれと切々と私達にご教示くださっているのであります。そして、天の理に早く目覚めるならば、身のうちの苦しいところ、辛いところ、悩むところは守護され、爽やかになるから早く悟れよと、知らしてくださるのです。

これからハいかなむつかしやまいでも
心したいになをらんでなし　（五―13）
しんぢつの心を神がうけとれば
いかなぢうよふしてみせるてな　（五―14）
こらほどの神のしんぢつこのはなし
そばなるものハはやくさとれよ　（五―15）
これさいかはやくさとりがついたなら
なにゝついてもみなこのどふり　（五―16）

私達の心次第では、どんな病でも治らないということはなく、要するに、私達の真実の心が、神に写り届けば、その真実の心に乗りて神は自由自在に働く力があるので、どんな守護もしてみせると。病だけではなく、どんなことでも同じで、早く悟りとる(気付く)ように神は私達に親心をお示しくださっているのであります。悟らないのではない、悟る気がないのだ、自分に負けているのだ、自分の都合に合わせているのだ、ということではないかと思うのであります。

これからハよき事してもあしきでも
そのまゝすぐにかやしするなり　（六—100）
いまゝでハなにかさとりもありたけど
もふこれからハさとりないぞや　（六—101）
このよふのしんぢつのをや月日なり
なにかよろづのしゆこするぞや　（六—102）

神はどんな良いことをしても、どんな悪いことをしても、皆受け止め、すぐに私達に返すということは、私達にとっては、良いことでも悪いことでも全て皆姿形に現れて来るということではないかと読み取れるのであります。そして、ここまで色々言って来ているから、知りませんでした、気付きませんでした、分かりませんでした、という事はないはずで、後は神の言うことをしっかり行っていけと、私達の認識の甘さと行動の鈍さに、ここでとどめをさしてくださっているのであります。

「悟り」とは、こう悟れよ、ああ悟れよということはできますが、しかし、それを本当にそう思って、自分の思いを固めて行くのは、それぞれ一名一人の心なのです。悟りは、教えることも、教えられることも、学ぶことも、伝授することもできません。いろいろなことを体験した中から、一人一人が切り開いていくもので、どんなに可愛い我が子であっても、親がこういう悟りを持っているから、子供にもこういう悟りを持てということは、言えても持てるものではありません。それ故に、悟れるような力、即ち、《徳》を高めていくことしかできないのであります。人を救けたら我が身が救かるのだと悟れるような、そういう心になれる《徳》を高めてあげるということが、私達自らは勿論、子供に対しての親の立場ではないでしょうか。

「自分はなんで人を救けたいという心が高まらないのだろうか。私はどうして人がこんなに苦しんでいるのに、なぜ手を差し伸べられないのだろうか」ということに気がつかなければならないし、そしてそこから悟らねばならないと思うのであります。それこそ、何を悟るかと言えば「ああ自分は人を救けるという、この遠大且つ高遠な心を持てないのは、我が身の思案や欲が強く、他人の事を考える力、《徳》がないからなのだ」と。

ここで「悟り」の実例を二・三挙げてみますと、よく今までこの道では、金銭をなくす、取られる、色々な金銭のトラブルにまきこまれる、そういう時に先人達は、「天借」を悟ると言ってこられました。天借とは、天に借りがあるから、自分が出した値通りのものが頂けない、と。これをもう一つ踏み込んでみる時に、教祖は「金銭は二の切り」とお教えくださった。一の切りは命、それに代わる二の切りを失うということは、一の切りも危ないと暗示されていると悟れるのであります。

或いはまた、子供に不幸、不都合を見せられる。子供というものは本来、親を思い、そして、親のために子供の小さな心を使ってくれるものです。それが本来の子供の心とするならば、それに反し、親に逆らい、不都合を見せる。これをどう悟るか。「ああ、これは、親である自分自身が自分の親に対して不都合を、心配を与えてきたのだ。今親ではあるが、自分の親に、子供がしているようなそういうことをしては来なかったか。現に我が子供に、同じことをされるのだから」と悟る以外に何ものもないと思うのであります。これを因縁（もととつながり）を悟るとも言います。

或いはまた、神から病の手入れを頂く。「ああ、何だろう。どう悟れば…。ああ、そうだ。天理の教えに照らし合わせてみよう」。さすれば「我が心得違いの道があったから、或いはあるから」そう悟りがつく。普段と、普通と違うことが起きる。何かそこから悟らねばならないのではないでしょうか。

或いはまた、あまりにも有名なあの小野道風の柳に飛びつく蛙の逸話。飛びつけど飛びつけど柳に届かない蛙が、最後には柳に手が届く話から、私達に何を悟れと促しているのでしょうか。「ああ、人間努力しなければ…。努力すれば必ずやそれに到達する、大願成就できるのだ」と、初代は「思い十年」という言葉を私達に遺訓として残してくれています。思い続けること十年、そうすれば必ずや願いは成就できると。

また神は『おさしづ』の中で、

《障りからどういう理も分かる処を、うっかりとしてはならん》（M21・7・2）

と、気づくことの大切さを教えてくれています。《障り》とは身の障り、即ち病で、その病を通して私達に何か気づいてもらいたいこと、或いは何か親神が知らしめたいことを投げかけてくれており、それを私達は見過ごし、無視してはならないのではないでしょうか。神は病を治すこと、事情を解決することだけに守護するのではなく、私達の心の立て替えを願っていることを、もう一度深く噛み締めてみたいと思うのであります。

日々起こってくること、それを簡単に扱い、見過ごし、どうにもならなくなってからうろたえぬように、日々起こってくることの中で、色々な嫌なこと、不都合なこと、見たくないこと、聞きたくないこと、たとえそういうことがあっても、その中から何か神意を悟り、心を立て替えて行くことが、信仰への成人の道ではないでしょうか。

「我」

―「ワレ」と「ガ」について―

私達の日々の中で、離れることなく終生つきまとうものの中に「我」というものがあり、私達は年とともに体力、智力、記憶力の順に落ちて行き、最後まで残るのは感情、即ち情力だと言われておりますが、どんなに体が弱っても、痴呆になっても、自分の思うように行かないと、怒ったり乱暴になったりする人がいるように、いろいろな内面が表面に出てくるものですが、これらを皆引っくるめて「我」、いわゆる「ガ」ということで、その「我」を「ワレ」とも「ガ」とも読み、「ワレ」とは、これは良くも悪くもありませんが、「ガ」ということになると悪い意味になります。「ワレ」については、有名なフランスの哲学者で、近代哲学の父と言われ、同時に数学者でもあったデカルトは、『方法序説』の中で「我思うゆえに我あり」という言葉を残しております。デカルトは物心二元論、即ち物と心との二元を哲学的に展開した、近代哲学の祖、父と言われていますが、この「ワレ」というのは良くも悪くもないと思うのでありま す。

さて、日常生活の中での「我」に話を戻しますと、この「ワレ」を主張し過ぎると、「ガ」ということになり、反対に、「ワレ」というものを出さない人は、主体性のない人、あるいは個性のない人ということにもなります。その点が非常にむずかしいのですが、「ワレ」を主張し過ぎると調和を崩す因になり、その意味で神は「ガ」を出すなということでお教えくださっていることを理解しなければならないと思うのであります。「頑固」とか「ガ」「勝手」、こういうものは同じ一線上にあり、「我」とは「他から明らかに区別された自分」で、他の人とは違う自分なのであります。

「我」はあって当然で、ないと個性がなくなり、面白味もなくなります。同様に顔だって、いろんな顔があるから面白いのです。皆同じ顔だったらどうでしょう。ちっとも面白くありません。十人十色と言って皆違う。それと同じように「ワレ」というものも皆持っており、しかも死ぬまで持って行きます。どういう「ワレ」を持ち続けて行ったらいいか、それはもう自明の理であります。

「ワレ」とは「他からはっきりと区別された自分」ではありますが、主張し過ぎると「ガ」ということになり、その延長線上にある意志が強いということと、「ガ」が強い、頑固ということとは根は一つだと考えます。ただ、意志が強いということは、皆がいいと言うことを、或いは、皆が認めていることを貫き通してやることで、誤解してはいけないと思います。頑固とは、周りが「やめなさい」とか、或いは反対に「やりなさい」と言うのに、自分の思いにまかせ、自分の都合に合わせて、やったりやらなかったりする、それが頑固ということだと思うのであります。自分というものを主体に考えて、それをどこまでも押し通して、他の意見は聞き入れない。頑固とは、周りの不同意にもかかわらず、どこまでも自分の主張を貫き通そうとすることですから、当然周囲のバランスは崩れ、そして、家族の中でさえも限界を越え、それが重なって行けば家族の崩壊につながるのであります。誰しも自分を思わないものはいませんが、度が過ぎれば「ガ」になり、調和を崩し、人から嫌われ疎まれ、それが外にむかった場合には、頑固者、いわゆる嫌われ者になります。内に向かった場合には、いわゆる鬱性のノイローゼであります。いずれにしても自分の思っていることを絶対に改めようとしない、人のいうことを聞かない、人のことも考えない。思わないから聞かない。聞かないから、また思わない。ノイローゼで他人のこと考えているノイローゼが存在するでしょうか。自分のことを考えないで、親のことや兄弟のこと、他人のことを考えている人はノイローゼにならないように神は人間をお創りくださっているのでありますす。ところが、「ガ」とか、自分のことしか考えない「欲」が充満してくると、真意や周囲が見えなくなり、徳という力が養われる空間、場所がなくなって、徳が育つ余地もなくなってくると悟るのであります。

いちれつハみなく〳〵わがみきをつけよ

神がなんどきとこへいくやら　（三―127）

一れつハみなく〳〵わがみきをつけよ

月日ゑんりよわさらにないぞや　（六―93）

と、月日親神は私達の身の内に入り込んで守護くださっているのですが、守護するもしないも神の意思でありますから、私達はそれぞれ我と我が身に十分気をつけ、そして日々の一人よがりに早く気付き立て直せよと教示されているように思うのであります。そしてまた、

このよふハいかほどハがみをもふても

神のりいふくこれハかなハん　（五―3）

どんなに自分という「ガ」を固持して、我が身を思っても、神と私達人間の思惑の違いは、どんな手立ても及ばないこと、そして私達が日々暮らしている中で、「ワレ」はいいが、それをあまり主張しすぎると、「ガ」になり、「ガ」は調和を崩し、陽気世界を崩すことであるから、神はそれを慎めと。

相田みつをの次のような詩があります。

「車」

どんな車よりもね
構造が複雑で運転がむずかしい車はね
自分という名のこの車なんだな
そして一生の運転手は自分

世の中、地位や名誉や財が備わってくると、車を運転してくれる人はいますが、どんな立場になっても、運転手がつかないのは、自分という名の車であります。「ワレ」という車の運転は、本当に日々安全に運転されているだろうか。私達は今、人生という道を、或いは教えという道を走ってはおりますが、都合の悪いことは夫のせいにしたり妻のせいにしたり、他人のせいにしたり、はたまた世の中のせいにしたくなるのですが、そうではないのです。皆そういう運転は自分自身であるということを自覚しなければならないのではないかと。自我という名の自分と、それが強調された「ガ」というものをいかにうまく運転していくか。それは「素直」や「慎み」という教えを取り入れないかぎり、事故や衝突につながるのであります。素直は《人も好けば神も好く》と言われるように、居心地がいいものです。見てていい絵になるし、自分自身も非常に楽なのです。素直というものを取り入れて行かないと「自我」の運転はしづらいものと思います。「ガ」が強いの反対は素直でありますから。自分にちょっとブレーキをかけていくということではないかと思うのであります。神は、

《俺がと言う者がどうもならん。神の方から捨てんなれど、理としてすたる》

（M30・4・22）

神の方からは捨てはしないけれど、それでは家族の中、世の中は通れないし、自然の当然の理合いとしてすたっていくということであります。

《難儀不自由苦労艱難の道連れて通りて、種と言う。種無くして実はのろうまい。この理から万事聞き分け。これまで苦労艱難の種、種から積んで来て、それよりどういうものも生えるなれど、中に心の理によって生えん種もあろ。道という、道に我(が)という理どうもならん。我は要らん》

（M30・11・27）

「ガ」というものがいかに腐った種であるか。或いは種のように見えるけれど種ではない、ということを私達はこの『おさしづ』から悟らねばならないと思うのであります。開き直り、たとえば「分かりましたヨ、やりますヨ」といった表現で代表される開き直りは徹底的な「ガ」の表現されたもので、私達は「素直」という種を蒔きながら、人生を、道を通らねばならないと思うのであります。同じ世界、同じ時代、ましてや同じ屋根の下で、行き交い出会い暮らす私達お互いが、素直な心で通ったならば、

いさかいやわだかまりやむさ苦しさは生まれないはずであります。

では、その「ガ」を小さくしていくにはどうしたらいいか。それは、人を救けて行く他には手立てはないように思うのであります。教祖は、私達、一人一人がより良き自分になるために「人を救けなされや」とおっしゃる。きつい言葉の命令調に直せば「人を救けろ」ということであります。これを私達は真似事ながらしてはおりますが、錯覚を起こしているようにも思えるのであります。一生懸命道の教えを「陽気ぐらしですよ」と話はし、説いてはいるのですが、実行していないから実感がなく、説得力も乏しく、ただの説明に終始しているところがありはしないでしょうか。これでは布教ではありません。説明では人をたすけることはできません。説明は説明だけのことであります。熱い思いを乗せ、真実の心を乗せて説く、その《心に神が乗りて働く》と、こうおっしゃる。

「我が身思案と勝手と都合」について

西暦二〇〇一年、二十一世紀の一年目、夢と希望に胸ふくらませてスタートした年でしたが、九月十一日、ニューヨークで同時多発テロ事件が起き、その結果、何よりも変わったのは日常生活の中での心の持ち方ではないかと言われています。

これはアメリカでのことですが、一例を挙げますと、クリーニング屋さんに、たとえボタン一つを無くされても怒るところを許せるようになったとか、かつては誕生日とか結婚記念日とか特別な日の為に特別なことをと考えていたことを、所謂テロがいつあるかも知れないということによって、今現在いる自分を深く見つめ、心に直結した生き方をしようと、また家族や周囲の人々と毎日が特別な日なのだという思いで価値ある時間を過ごそうという人が多くなったと、九月十一日以来、アメリカは変わったと言われております。

そういう世界の異変の中で私達はどうでしょうか。アメリカでのことは対岸の火事のように思い、毎日が当たり前と思っていたり、或いは又、何の心に打つものがないというような生き方をしていたのでは、あのようなテロでも身近に起きない限り分からないのではないかと。

さて、「思案」とは思い案ずることを言い、「どうしたものだろうか」「ああだろうか、こうだろうか」と思い案ずることで、その時には決して良い方向には考えず、悪い方へ、悪くなる方向へ考えがちになるものであります。そこで、「我(が)」とその思案とが一緒になったらどうなることでしょうか。我が身思案はどんな人にでもあるのですが、あとは質や深度、程度の問題であり、どういうことに我が身思案をするのか、或いは又その強弱、そして長い間それを考えているか否か、時間帯の問題であります。程度が過ぎると我が身思案が強い人ということになるのであります。我が身、我が心に関係する物事ですが、例えばどんな事があるかというと、まず損得、利害、或いは快、不快など、また、我が子、我が家、我が縁者、我が仕事、自分に関わりのあること全て、それを自分を軸にし、中心にして考え、強く意識する人を「我が身思案の強い人」というのであります。自分に関わることの思いや我が身を必要以上に気にして拘る人、それが高じていくと自己愛の強い人ということにもなるのであります。「愛」とは、利害にとらわれず、広く周りのものを認め尊重して行く、人間本来の暖かい心情をいい、同胞愛、人類愛等、そういう外に向かう愛は素晴らしいのですが、内に向かう自己愛になると、自分を自分で愛するわけですから始末が悪いということになるのであります。我が身思案の強い人は、自己愛の強い人とも言えると思います。そして、それが進むと自己愛地獄という地獄に陥って行くのであります。あまりに自分を愛するが故に、自分のことや自分に関係すること以外は見えず、また関心を持たず、そういう人は又「意識地獄」にも陥って行きます。この意識地獄に陥って行くと、人のことを考えるということからは遠ざかり、人を救けるという親神から一番大切だと教えられている教えからも段々遠のいて行き、その先は神の守護を失うことになるのであります。

自己愛地獄や意識地獄に陥ると何も見えなくなるので、ノイローゼという精神障害になりやすいと言われております。身体は何処も悪くはないのですが、心の病なのであります。周囲や人のことを考えているノイローゼの人がいるでしょうか。ノイローゼの人は他人のことは考えられず、それがこの病の特徴なのであります。

精神障害は「自分」から離れられず、自分のことしか考えられないのでバランスが崩れてくるのです。精神的バランスが崩れると身体のバランスも崩れ、身体に支障が生じてきます。私達が親神からお借りしているこの身体はバランスの結晶であり、そのバランスが崩れ、自分のことばかり考えていますから周囲との調和が取れなくなり、周囲の環境に適合できなくなってくるのであります。その上思い悩み、悪循環してどんどん深度を増し意識地獄に落ちて、家族以外には相手にされなくなったり、社会性を失い、ますます孤立していくのがノイローゼなのであります。その因(もと)はといえば、我が身思案の強いことであり、自分の思いや欲の心と、そうなってこない不満や不安の心が脅迫し合うのであります。「こうしたい、ああしたい、こうなりたい、ああなりたい、あれもほしい、これもほしい」と思う心と、そう成ってこない苛立ちの心とが互いに脅迫し合う。そして自分が可愛いから相手や周囲を責め、ますますがんじがらめになって、自己愛から意識地獄に落ちていくという結果になるのであります。この我が身思案というものを良く考え反省し、自己愛が過剰になると意識地獄を生ずる因になるということ、そしてこの根源を取り除くには技術や医学や薬は役には立たないことを知ることであります。

せかいぢう一れつなるのむねのうち
月日のほふゑみなうつるなり　（八―12）
それしらすみなにんけんの心とて
わがみしやんをばかりをもふて　（八―13）
このさきハみなだん〳〵としんじつの
みちをふしゑる事であるから　（八―14）

と、人間のすることは皆神には分っており、災いの因は我が身思案で、これからは本当の真実の道を教えるからしっかりと学び取ってくれと。

けふからハせかいを月日みさだめて
むねのそふぢにかゝる事なり　（十二―1）

けふの日ハいかほとわがみはびかりて
まゝにしたとて月日しりぞく　（十二―6）

と、我が身思案で自己顕示をし、我が身を固守して明け暮れていると神は退き、神が退けば神の守護はなくなり、災いや病の因になっていくと。

このたびハさきなる事を此よから
しらしてをくでみにさハりみよ　（五―2）

このよふハいかほどハがみをもふても
神のりいふくこれハかなハん　（五―3）

めへ〳〵にハがみしやんハいらんもの
神がそれ〳〵みわけするぞや　（五―4）

自分に色々なことがふりかかるそのことを通して、その因をよく思案をし、我が身のことをいくら思い、案じても神の立腹には敵わないし、「かしもの・かりもの」の理合いをしっかり悟り、親神に守護して頂く道を歩むことであります。

そして私達が必要以上に我が身思案をしても、我が身の得策をどんなに考えても、神の道、教えに反したならば何の術もなく、それ故に互いが陽気ぐらしをする為には、我が身思案を必要以上にはしないで、神に任せ、神に凭れよとお教え下さっているのであります。では、どうしたらこの我が身思案から離れ去ることが出来るのか。それは、教えや教えを通して言われることを素直に実行するしかなく、必要以上に自分のことを考えることや案ずることを少なくして、地域や周囲、人の為に所謂「ひのきしん」をすることも一つの手立てであります。仏教ではこれを「愛行」といい、身体を動かすことであります。我が身の思案に埋没すると身体が動かなくなりますから身体を動かす。ノイローゼのような精神障害の人は身体を動かしません。スポーツ選手でノイローゼの人がいるでしょうか。身体を動かすことと「おつとめ」をすることでありますす。にをいがけ、おたすけが出来たら一番いいのですが、先ずおつとめをして頂きたいと思います。精神障害の人は自発的に行動ができないので、どなたか一緒に身を動かすことやおつとめを共にしてあげる手立てが必要であり、わが身思案の強い人やノイローゼの人は信じることを知らないので、ただひたすら信じて通る術を教えてあげることであります。ここに信じる大切な一例を挙げてみますと、

私は旅行中汽車を待つ間に理髪屋さんにいってひげを剃ってもらったことがあり

ました。腕に刺青でもあるかと思われる強そうな男が、光る剃刀を私の顔の上に振りかざした。ところが私はたった一つしかない自分の顔を突き出してうつらうつら居眠りをしていたのである。大胆なりとや言わん。不適なりとや言わん。この見知らぬ強そうな男が精神分裂症でないという証拠は何一つなかった。この男にはかねてより恨み骨髄に徹する敵があって、私の顔がその敵の顔とうりふたつでないという保証も全くない。それなのに私は泰然自若としてその男に自分の顔を任せあずけていた。そうして居眠りからさめて「ははーん」と悟りを開いたのである。生活とは信ずることなりと。たまたま疑ったり迷ったりするのだが、それは信ずることの百千億万分の一にも当たりはしないのだ。生まれ落ちたらすぐに母親の乳房に吸い付いて、それが有毒であるかどうかを調べたことは一度も無かったのだと。ここに明るい生活の原理があるのです。生活とは信ずることであります。

(田中　忠夫)

と。信ずると言うことは大切な事なのであります。我が身思案の強い人や精神障害の要素のある人は我が身のことから思いを離したり、又思い悩み案じないで、信じて日々を通ることが大切な事であります。そのような人が周囲にいたら是非世話どりをして頂き、それが人を救けるということになるのであります。

また、私達はどうして病になるのだろうか、何故に、事情に苦しまなければならないのだろうか、その元は何なのだろうか、とあれこれ想いを巡らす時に、それは「勝手」な心なのだ、その勝手が、いろいろな災いの因になって来ると思うのであります。

「勝手」というと、いろんな意味があり、台所のことを「かって」とも言い、或いは、思っていた、期待していたのと事情が違うことをも勝手が違うと言います。道具など、慣れ親しんだものと違う時、事情が違う、様子が違うこと、これを勝手が違うなどとも言います。そういう勝手ではなく、どういう事かというと、「自分ひとりの判断で、行動すること」これを勝手と言い、また、人が好ましいと思わない行動、そして、自分の都合ばかりを考えて行動することを「勝手」と言います。

では、この「勝手」はどうして生じるのでしょうか。それには、それなりの原因・理由があるのであります。その前に、私達は思案をしますが、即ち、考えることですが、思案には二通りあり、思案そのものは良くも悪しくもないのですが、良い思案と悪い思案とがあります。

思案とは、「どうしたものかな…?」とあれこれ考えることですが、良い事であれば良いのですが、良くない思案が問題なのであります。神は、

このさきハ心しづめてしやんせよ

あとでこふくハいなきよふにせよ　（一—54）

と、おふでさきでしっかり思案することを教示されており、これは、私達がいい思案をしなければならないことを示唆しているのであります。また、

このよふにやまいとゆうてないほどに
みのうちさハりみなしやんせよ　（二—23）

と、病というものは無いけれど、神からの借りものである私達の身体に病というものが現れて来たならば、どこか心に至らぬところがあるのではないだろうかと、よく思案せよと。

わかるよふむねのうちよりしやんせよ
人たすけたらわがみたすかる　（三—47）

みのうちのなやむ事をばしやんして
神にもたれる心しやんせ　（五—10）

にんけんもこ共かわいであろうがな
それをふもをてしやんしてくれ　（十四—34）

さあしやんこれから心いれかへて
しやんさだめん事にいかんで　（十六—79）

このさきハなにをゆうやらしれんでな
どうぞしかりしやんしてくれ　（十七―72）
これをはな一れつ心しやんたのむで　（十七―75）

と、思案せよ〳〵とくどいほど私達に思案することを促して下さり、一七一一首あるおふでさきの一番最後を「思案たのむで」と締め括られておりますが、私達がする思案は、神が望まれる思案ではなく、どういう思案かというと「我が身思案」に明け暮れているのが私達なのであります。

また、私達はよく「都合」ということを言いますが、この「都合」も、都合自体は良くも悪しくも無く、都合とは、良きにつけ悪しきにつけ、他に影響を与えることですが、この都合を自分中心にした時、我が都合、我が身思案と重なり、其れが表面に出ると「勝手」となるのであります。

例えば、「勝手な人」ということは、自分の都合、自分だけの思案で行動する人です。或いは又、勝手なことを言うとは、我が身の思案を中心にして物を言ったり、進めたりするから、勝手なことを言うということになるのであります。相手の都合や相手の思案などは聞かないからであります。

勝手に関しては良い事はなく、勝手の元はと言えば、「我が身思案と我が都合」であり、勝手は自分自身や周囲に罪や不幸を生み出す種になるということであります。
それしらすみなにんけんの心とて
わがみしやんをばかりをもふて　（八—13）
それしらずみな一れつハめへ〳〵に
わがみしやんでしことばかりを　（十一—43）
仕事が悪いのではなく、仕事ばかりがいけないのであります。仕事ばかりで、他の事は省みず、例えば、自然の恵みや生かされているということ、親の恩や人の恩、私達の目的は陽気ぐらしをすることとか、神の思い等々、そういうようなことも深く思案しなければならないと悟るのであります。
さて、「勝手」についてですが、
《勝手というは、人間心の道であるから一寸にはよい。なれどいつ〳〵までも治まらん》　（M24・5・8）
と、教示されており、私達人間は心の自由を与えられていますから、自由に思案していますが、神は、大きい親心で、勝手を全然駄目だなどと否定しているのではなく、「一寸にはよい」が、反省もせず続けていると、万事が治まらないことになると。
そして又、

《前々諭したる道は、通らにゃならん。その理は通さにゃならん。勝手の道通りていんねんという。》

（M24・5・10）

例えば、幸せという場所があり、親神として子供である私達のことを思うが故に、この道を通らねば、幸せという領域には行き着かないから、それを我が都合、我が勝手で、「やだ」と拒絶しても、救ける為には、通さねばならないと。私達が勝手の道を通り続けて勝手が過ぎると、いんねんの道を日々歩み続けるということになるのであります。

《勝手一つの理は邪魔になる。》

（M24・5・10）

とは、何の邪魔になるのか、それは幸せへの道や陽気ぐらしへの道の邪魔になると悟るところであります。

《神が連れて通る陽気と、めん〱勝手の陽気とある。勝手の陽気は通るに通れん。陽気というは、皆んな勇ましてこそ、真の陽気という。めん〱楽しんで、後々の者苦しますようでは、ほんとの陽気とは言えん。めん〱勝手の陽気は、生涯通れると思たら違うで。》

（M30・12・11）

この道の教えは、私達が陽気ぐらしをする為の道であり、神はその陽気についての定義をしているのであります。「皆んな勇ましてこそ、真の陽気という」と。

《勝手というものは、めんくにとってはよいものなれど、皆の中にとっては治まる理にならん。（中略）勝手出せば、あちら濁りこちら濁りすれば、どうなる。これ聞き分け。何よ五本の指の如くくすれば、澄んだ水と言う。》（M33・11・20）

手で何かを握るときに、親指をはじめ、他の指がそれぞれバラバラであったら、握ることはできないし、たとえ握ったとしても力は入らない。五本の指が力を合わせるから、握れる。五本の指は一手一つ、即ち一つ思いになっているのであります。

私達道を通る者は、五本の指のように、一人一人が親神の教えに一つ思いになって、この道の教えを一人も多くの人々に伝え流布することと悟る次第であります。

「素直」と「道具」

私達は朝夕の、また月次祭のつとめも、体の具合が悪いととてもつとめられません。おつとめをつとめられるということは、身上壮健でないとできないことであり、そのことを噛み締めながら祭典をつとめさせて頂くのですが、「祭り」とは、どんなことでもどんな深い因縁でもたすけてやろうという、親神が待っている理なので「まつり」というと。そしてまた、私達にとっては、その守護を頂くことを待つ「まつり」と悟るのであります。祭典日に参拝いただけないということは、一つにはいろいろと都合もあるでしょうが……「まつり」という理をしっかり悟り、天の理に素直になって、万障操り合わせて参拝くださることをお願いする次第であります。

その「素直」についてですが、私達が素直の「ひながた」として仰ぐ後のご本席、飯降伊蔵は安政の始め頃、天理から三キロ程離れた櫟本村で大工をしていた。伊蔵は素直な人で一生懸命に働き、どこへ行っても、大工の伊蔵さんと言って人に好かれ、櫟本千軒きっての正直者と言われていた。櫟本に千軒もなかったと思いますが、そのぐらい多くの人から素直で正直な方であったと言われておりました。元治元年伊蔵32

歳の時、妻おさとが流産して、その後が悪く困っていた時、知人の勧めで生神様と言われた教祖の所へ平癒・祈願に行ったら、すぐにおさとの病はよくなった。伊蔵は大変喜んでそれから毎日、一日の仕事が終わると、教祖の元に、雨の日も風の日も、暑い日も寒い日も、実に18年間日参したという。そして、そういう伊蔵に教祖は、一日も早く一家揃って神の屋敷へ来るよう話しておられたが、伊蔵は将来のことを思うとなかなか踏み切れなかった。あのご本席様でさえ教祖に言われても全てを断ち切ってすぐに行ったわけではない。しかし、私達よりはるかに素直な方ですから、ある時子供が病気になったので、おさとが教祖にお目にかかり、「一日も早く帰らせていただきたいのでございますが、何分櫟本の人達が親切にしてくださいますので、それを振り切って来るわけにはまいりません。お言葉を心にかけながらも、一日送りに日を過ごしているような始末でございます。誠に申し訳ございません」と申し上げると、教祖はそこで、「人が好くから神も好くのやで。人が惜しがる間は神も惜しがる。人の好く間は神も楽しみや」と仰せられたという逸話が残っております。人に飽きられてどこへも行くような場所がなかったり、或いは何もすることがなくて教会に行こうかというのとはわけが違います。同じ運ぶのでも、大変な中を運ぶところに守護の理が載けると思うのであります。楽な時に運んでも、運ぶということでは同じではありますが、大変な中をつとめる、或いは運ぶ、尽くすということに、一層の守護が戴ける元ができると思うのであります。

話を戻して「素直」ということになりますが、素直とは、性格とか態度にひねくれた所がなく、敢えて人に逆らったりしないことです。性格や態度がひねくれていると、すぐ物事や人の言う事を悪く取ったり、疑いの思いを持ったり、腹を立てたり、開き直ったりする。要するに真っすぐではなく、どこか屈折しているから、時々曲がったり折れたり切れたりするのであります。そのような人がおりますが、素直とは癖がなくて真っすぐで、飾り気がなくてありのままであることからすれば、それは素直な人ではなく、癖のある人と言うのであります。

ところで、私達は毎日いろいろな道具を使っていますが、使いやすい道具もあり非常に使いにくい道具もあります。『馬鹿と鋏は使いよう』などと鋏がよく例に挙げられますが、実際に使いにくい鋏もあります。どうやっても切れない、癖を飲み込まないと切りにくいとか。ところが癖のない鋏もあります。誰が使ってもスーッと切れる。こういう道具がいい道具というのではないでしょうか。

《さあ〳〵、道具々々どのようの道具もある。三年五年目に使う道具もある。日々に使う道具もある。（中略）三年五年使う道具でも、生涯に一度使う道具でも、無けねばならん。(中略)日々使う道具、どうでも破損して使わねばならん。この理をよう聞いて、内々の処ほんに成程と、これが理やと、その心を定めてくれねばならん》（M21・9・2）

日々に使う便利な道具は、壊れても何とか直してでも使わなければならないということであります。

《どんな働きをするにも道具揃わねば仕事はできん。(中略)さあ、どんな事するも道具の理によって出ける》（M23・9・26）

とお諭しくださっておりますが、私達「よふぼく」は親神様・教祖の道具衆とお聞かせいただいているので、その点からも使いやすい道具にならなければということであります。それには屈折していて使いにくい道具では不便であります。世の中の役に立つとか、人の役に立つということは、世の中に、人に使われるということでもあります。重宝がられるということも、使われるということで、まして親神様・教祖に重宝がられねば大切に守ってはいただけないと。使われて結構、使われなかったら干上がってしまいます。使ってもらうには、直な方がいい、真っすぐな方がいい、即ち、素直な方がいいのであります。使いやすい道具になるためにはまず素直でなければならないということが言えると思います。親神も「素直は人も好けば神も好く」と諭され、素直な心は、信仰のバロメーターになり、理に素直であるかないかによって信仰が深いか浅いか、或いはまだまだとばくちなのかが分かり、理に素直ということが早くたすかる元ではないだろうかと悟るのであります。

さて、素直になることを邪魔する心があるのですが、それは自意識が強い心で、自分というものに捉われ過ぎて、人の言うことになかなか同調できない。それが増幅して行くと精神閉鎖を引き起こし、所謂精神病のきっかけになっていくと思います。精神病とは、ある意味では非常に人間的な病気で、自意識とか知識とかがなかったなら精神病はないのですが、それが証拠に、犬や猫や鼠や蛙、即ち動物には精神病はないのです。人間だけにしかなく、それは所謂意識というもの、自分というものの精神的バランスのとれた人にはちゃんと分かり、どういうことが良いか悪いかも分かるのですが、あまりにも自己が強いと、そういうものが見えなくなって分からなくなって来る。誰しもそういう要素は持っておりますが、周りの環境に適合できず孤立していくことが精神病の要因になるのではないでしょうか。自分のことばかり考えていますから、周りの人に同調できない、和して行くことができないからチグハグになり、それが高じて精神が触まれていくと思うのであります。その点を知り、理解して、自分はどうであろうか、我が強くはないだろうか、自意識が強くはないだろうか反省してみる必要があると思うのであります。人の言うことをすぐ反対したり、人の言うことがなかなか聞けないとかということは、精神病の入口にいるということだと思うのです。まして神の言われることを聞けないとか否定するということは、相当自己意識が強いと思うのであります。

そこで、素直になるためにはどうしたらいいかということになるのですが、これは愛町分教会初代、関根豊松先生の述懐だそうですが、「私は苦労と言っては他にない。けれども、本当に私が苦労したのは、自分を捨てるのに苦労した。泣きたいほど自分を捨てるのに苦労した。その他のことは何も苦労ではなかった」と。己を捨てることはなかなかできないことですが、十あるものなら九に、九あるものなら八にと、小さくしていくことは可能であり、大切なことだと思うのであります。なぜかと言うと、己をゼロにはできないから最低一にしようではないかと。一にすると何でも割り切れます。どんな数字でも一ならすっきり割り切れます。ですから、私の持論ですが「一の論理」で、最低一にする、即ち小さくすることに努力することだと思うのであります。

天台宗の開祖最澄は、「己を忘れ他を利するは、慈悲の極みなり」とも言っています。己をなくすことはなかなかできませんから、忘れることに専念し続けていけば、いつしか小さくなっていくのではないでしょうか。

これも仏教の唯識思想ですが、心の深層に阿頼耶識（あらやしき）というものがあり、その中に末那識（まなしき）というものがあると。この末那識（まなしき）が自分に拘り続ける心で、知らず知らずのうちに私達にエゴ、所謂利己的な行動をとらせるというのであります。阿頼耶識（あらやしき）というのは、これ自体は善でも悪でもなく、アラヤとは「ためる」という意味があり、心だけでなく一切の存在を生み出す種子が貯えられていく所謂貯蔵庫で、その意味でそこに善の種を貯えていけば人間は我、即ち我執を克服することができると…。逆に自分のことしか考えない、自分に拘り続けていくと、末那識（まなしき）が充満し、己から解放されず、病や煩わしい事態（事情）を生み、なかなか救かりにくい方向へと進んで行き、意識地獄の虜になると…。自分の意識の中で己に拘り、何でも自分のこと、自分を中心にしか考えない、そういう意識、それが意識地獄なのであります。末那識（まなしき）を小さくし、阿頼耶識（あらやしき）にいい種を溜めて行くということが大事なことではないかと。

めへ〳〵にハがみしやんハいらんもの
神がそれ〳〵みわけするぞや　（五―4）

と。また『みかぐらうた』に、

ニツ　ふじゆうなきやうにしてやらう
かみのこゝろにもたれつけ　（九下り目）

と言われる如く、素直に親神に多くを委ねていくことが大切なことではないかと思うのであります。私達はいろいろな事を案じ考えますが、素晴らしい最高の考えには必ず喜びがあります。もし不足に思えたり腹が立ってきたりしたら、そのような喜べない考えは素晴らしい考えではないと、もう一度思い返すことではないでしょうか。或いは又、「欲する、欲を言う、求める」ということは、そのこと自体不自由をして満たされていないということであり、自分自身が不自由を現実に体験していることになり、不自由だ不自由だと言って不自由の連続で日々を送ることにもなるのであります。

この道は、陽気ぐらしと言いますが、もう一つ別な見方をすれば、天理教は「勇み教」であり、「いずみ教」ではありません。いずむ教えではないのであります。ところが、案外信心をしながら、いずんでいる人が多い。そしてこの道は勇み教であり「勇め教」でもあり、いずませ教ではないのであります。自分はどうであろうか…。いずんでいるか否か。どんな中でも勇んで通り、そして勇ませて行くということがこの教えであります。おたすけとは、まさに人を助けることですが、助けるということは勇ませることでもあります。自らも勇み、人に夢と希望と勇気を与え、人を勇ませ明るくすること、生きいきさせることが救けることなのであります。これが天理教的善であり、人をいずませ、悩ませ、嫌な思いをさせることは天理教的悪なのであります。

教祖は『不足に思う日はない。皆吉い日やで。世間では縁談や棟上げなどには日を選ぶが、皆の心の勇む日が、一番吉い日やで』(『逸話篇』173)とお教えくださっております。日本が大安でも、国外では仏滅であったり友引であるかもしれません。教祖はそんなことを問題にしてはいません。みんなが勇む日が一番いい日で、そういう日を連続して持ち続けて行きたいものであります。

「喜ぶ」ことと「楽しむ」こと

今日まで私達は、教理・教えを学んで、「喜ぶ」ことの大切さは常々聞かしていただいておりますが、もう一つ大事なことは「楽しむ」という、このことに案外目を向けていないのではないかと思うのであります。「喜ぶ」ことと「楽しむ」ことは、かなり違いがあると思うのであります。

「喜ぶ」ということは、「いいことに出会って非常に満足すること、嬉しいと思うこと」ですから、当たり前のことなのであります。いいことに出会って満足し、嬉しいと思い、喜べない人は、余程のひねくれ者か臍が曲がっているか、欲が強く素直でない人ではないでしょうか。私達は日々「健康」という、素晴らしい良いことに出会っているにも拘らず、喜べない。これはおかしいことであります。

では、「楽しむ」ということはどういうことか。「楽しむ」とは、「そのものの持つよさ、それをしみじみと味わうこと」、また「噛みしめること」でもあります。ここでもまた「健康」を例にとれば、「健康」は当たり前のことではなく、喜ばしいいいことで、味わうべきことなのであります。噛みしめなければいけないことで、「健康」であるこ

とを「喜ぶ」と同時に、「噛みしめ、味わう」と楽しみが出てくるのです。もう一つの

「楽しむ」という意味は、「願っていることが、早く実現することを心待ちに待つこと」であります。

このように、楽しみには二つの意味があり、一つは「その物の持っているよさを噛みしめ味わうこと」で、もう一つは「物事が早く実現するように心待ちに待つこと」であります。喜びと楽しみは「動」と「静」、また「即時性」と「未来性」にも分けることができるかもしれません。

《闇の夜は声を頼りについてこい。夜が明けたなら成程の日がある》という教えがありますが、これは夜が明けたらば、いいことが起こってくる、守護が出てくるから、苦労を闇の夜に譬えられて、その中を心倒さず、声を頼りにとは、神の教えに凭れてついて来いと。しかし、ただ無為に待っているのではなく、努力をして、一生懸命問題に向かって、尚且つ守護をジッと待つ。これが「楽しむ」ことになると思うのであります。病んでも、回復することをひたすら願い、守護を頂く日を楽しみに、心を定めてジッと待つということだと思うのであります。病でも嫌なことでも、難しいことではありますが、楽しむことができるということを、神は教えてくれているのではないでしょうか。

「必ず守護を頂く日がある、来る。だから、今の苦しいことも辛いこともジッと耐えて、たんのうしてくれ」と。先人先輩も《楽々の中に楽はない、苦の中に楽がある》と、苦の中に楽しみがあることに耐え、信じて通られたと思うのであります。その意味で、楽しみのない人とは、逆の見方をすれば、苦労も耐えることもしないから楽しみもないと言えるのではないでしょうか。

さて、そこで「喜ぶ」ことと「楽しむ」ことを『おふでさき』に見てみますと、神は喜ぶというより、楽しめ楽しめとお教えくださっています。

たん〳〵といかなはなしもといてある
たしかな事がみゑてあるから　(二―41)
しやハせをよきよふにとてじうぶんに
みについてくるこれをたのしめ　(二―42)

と。今は幸せが身についてないかもしれないが、やがて身についてくるから、今を噛みしめて、そして、ジッと心待ちに守護を待ちなさいと。

いまのみちいかなみちでもなけくなよ
さきのほんみちたのしゆでいよ　(三―37)
しんぢつにたすけ一ぢよの心なら

なにゆへいでもしかとうけとる　（三—38）

病や、或いはいろいろな事情で苛まれてる人、いわゆる闇夜の中を歩いている人に、今の道はいかな道でも嘆くことなく、心待ちに待っていれば、必ず守護を現すと、お諭しくだされ、その中でただただ待っているのではなく、懸命に努力し、その苦労を楽しみの種とし、苦の中に楽があるのだ、やがてそういう日が来るのだと、未来に向かって力強い努力を重ねて待つところに守護は必ずやあると。

この中で特に《人を救ける》という、この心は、《真実の心》だから、後は何も言わなくてもいい、神は皆受け取るとおっしゃるのです。そして、

にちくにすむしわかりしむねのうち
せゑぢんしたいみへてくるぞや　（六—15）
このみちがたしかみへたる事ならば
このさきたしかたのしゆでいよ　（六—16）

子供に段々物心がついて、物を観察したり判断する意識が芽生え出て来ると、いろいろな物が見えて来ます。何も見えないということは、未だ子供と同じで、成人していない状態ですが、段々と成人して来ると、いろいろな物が見えて来ます。例えば、親神の親心、天然自然の理合、人の誠や恩などといったものが見えないと、今も、この

先も楽しめないのです。教えていただいたことを味わい、噛みしめ、そして、しっかり実行して行けば、この先は楽しめると。

このたびハどんなむつかしやまいでも
うけよてたすけかでんをしゑる
（九—34）

これからハたしかにやくみゆてきかす
なにをゆうてもしよちしてくれ
（九—35）

このたびのなやむところハつらかろふ
あとのところのたのしみをみよ
（九—36）

今は病み、苦しみ、辛いであろうが、きっとその後には楽しみがあるから、心を立て替え、成人に向かって努力してくれと。親神は憎くて病苦を私達に背負わせるのではなく、なぜ自分の身や身の回りに不都合が起きてくるのだろうか、それを悟って早く神の思惑に近づいて行くならば、その後には楽しみはあると。どんなに苦しい道中であっても、よく味わいよく噛みしめれば、必ず後に楽しみが来ることを、切々と親の立場でお教えくださっているのではないでしょうか。

このように、『おふでさき』では「喜ぶ」「喜べ」というよりは、「楽しむ」「楽しめ」と言われております。さきほど申しましたように、この楽しむとは、味わうことであり、噛み締めることで、早く厄介なこと、煩わしいことを解消して、望ましいことが実現するように心待ちに待てということですから、「たんのうの心」が必要であろうかと思うのであります。待てないという人が多いようですが、いわゆるせっかちで待てない人とはどういう人かというと、味わえない人なのです。食べたら噛みもしないですぐ飲み込んでしまう。譬えればそういうような人は、味わうこともできないし、楽しむこともできないのです。この教えも、人の親切も真心も皆鵜呑みにして噛み締めないから、味わえないのです。その意味で、楽しみ方が下手な人が多い、と言えるのではないでしょうか。「楽しむ」とは噛み締めて、ああ結構なことなのだ、ありがたいことなのだと味わうことであり、病でも複雑な事情でも、「ああ、これは神が心を立て直すために、いろいろと手を入れてくれているのだ」と噛み締めることではないでしょうか。

心さいすきやかすんだ事ならば
どんな事でもたのしみばかり　（十四―50）

さて、『おさしづ』では、
《これから先々日々急がしい、身の処急がしい。楽しみ深い、長い楽しみ、これからこれ十分楽しみなら、何も身に障りはあろうまい》（M25・3・5）

と。要するに、身に障りがあるということは、楽しみ方が下手だから、楽しみ方が分からないから、楽しみ方が本当にできていないから、身に障りがあるのだ。裏を返せばそういうことではないかと思うのであります。我が身のことだけに夢中になるのではなく、こちらも救け、あちらも丹精させてもらうと、そういう忙しさは、楽しみが深く、末長い楽しみですが、我が身の思案に明け暮れていると、あっちが悪いこっちが不都合と、そうなってくるのではないでしょうか。

《今年に出けねば来年というは、楽しみの理であろう》（M25・10・6）

今年できない。できないと一時は悩んだり苦しんだりはしますが、それだけで停まっていないで、すぐそれを払拭して来年を期して努力をすれば、それは《楽しみの理であろう》と。

《楽しみという理を抑えば道が遅なる》（M26・4・14）

と、楽しみがなくなったら、人間は行き詰まり歩が鈍るので、それゆえに、楽しみをいっぱい持って、日々を歩ましてもらうことが大切であると教示されているように思うのであります。

《安心して楽しみ成る。一日の日千日に向かう。一日の日萬日に届く》（M30・6・22）

安心がなければ、いつも心に不安が付きまとい、心が動揺し、楽しみなどは絶対にありえない。では、安心するにはどうしたらいいか。それには、親神に凭れ、早く不安の種が解消するような守護を頂くことではないかと思うのであります。それがなかったら、楽しみはないはずであります。

《身上に不足なりて、楽しみありゃせん。楽しみは、心に屈託無いが楽しみ、心になあ速やかゞ楽しと言う》（M38・3・14）

全く私達の心をよく見抜いての親神のお言葉だと思います。病んで、痛い所・辛い所があったら、楽しみなどはないから、早く守護を願い、しかもそういう中、なんで病むのかを噛み締め味わい、守護という楽しみをひたすら心待ちに待ってくれと。親神は親の立場で、私達子供を見た時に、子供である人間が、来る日も来る日も悩み苦しみ、嘆き悲しみながら日々を送っているとしたら、親として、かような子の姿を見るのは、どんなに辛くせつないことかを思う時、親は何かで知らせ、何かで心を立て直してもらいたい、と願わずにはいられないのではないでしょうか。それを私達の身の上に、或いは周囲の不都合な事情という形で知らせてくれるのだと悟る時、私達はそれに早く気付き、願う事が早く実現するように努力をし、心待ちに待たしてもらうことではないでしょうか。そしてそれが「楽しみ」であると心を立て直し、そういう大変な中でも、人を救けたいという救け心だけは忘れず、人救けに専念するところに、なにもかもが解決していく種になると、斯く信じ、日々は楽しく喜々として、人救けの上に苦労を重ねていきたいものであります。

凭れてこそ

常々、神に凭(もた)れねばならないことを、教理からも先人からも教え聞かせて頂いておりますが、『みかぐらうた』六下り目に

一ツ　ひとのこゝろといふものハ
　　うたがひぶかいものなるぞ
二ツ　ふしぎなたすけをするからに
　　いかなることもみさだめる
三ツ　みなせかいのむねのうち
　　かゞみのごとくにうつるなり

と、親神は私達の埃まみれの心を看破し、私達の心が疑い深いから神に凭れられないでいる、それを改めて行くようにと。

凭れるとは「支えになるものに重みをかけて、体を楽な状態におくこと」ですが、支えになるものを不安に思い疑っているから、なかなか凭れられないのだと思うのであります。丈夫で太い柱とか、凭れても大丈夫だと分かった時、体をそのものに委ね

るのではないでしょうか。私達がこの教えや親神・教祖になかなか凭れられないのは、疑っているからだと思うのであります。凭れては危ないのではないか、凭れても楽な状態にはならないのではないかという思いがあるから、なかなか凭れられない。

凭れるというのも、凭れられないということを考えた方が明確に分かります。私達は凭れられないということは疑う心があるからで、そして、嘘だと思うからです。凭れることが下手であり、下手というよりはそれは本当に信じ切れていないからであります。では、信じるとはどういうことなのでしょうか。信心とも信仰とも言いますが、信じることがなかったら、信心は心が伴わない一時の形だけになり、信心しているのにという嘆息が生じ、周囲もまた、信仰しているのにと疑心を抱くのであります。しかし、それは本当に信じているかどうか、ということに繋がるのであります。心は形もなければ色も匂いもありませんが、それは形になって現れて来るし、匂いとも色ともなって出て来るように、信ずるとは、説明できないもの、証明できないもの、目に見えないものがあるのだ、神が教示される教えは本当にそうなのだと強く固く思える心に通じ、その心が行動という形に繋がって行くことなのであります。

例えば『おふでさき』に

わかるよふむねのうちよりしやんせよ

人たすけたらわがみたすかる　（三―47）

という教えを、本当にそうなのだと固く強く思える心があったら、人を救ける行為になるはずですが、なかなか行動が伴わない。ということは、そうなのだとは思っていても、思い方がまだまだ弱く、確固たるものではないということになるのではないでしょうか。自戒するところであります。一人ひとりがそういう心をしっかり育て築き作り上げて行くことが、守護が頂ける元にもなり、教祖に凭れているならば、少しでも人を救けねば、少しでも周りを丹精して行かねばという心になるはずであります。信仰には方程式はなく、こうしたらこうなると説明できるものではありませんが、あとはそれを、固く強くそうなのだと思う心、これが信ずる心ということになり、そういう心がしっかり培われたならば、神に凭れることが出来るし、身を任せるということも出来るのであります。これは年限ではありません。年限も大切ではありますが、あえて年限が必要であると言うならば、そういう心を作っていくための年限なのであります。

『みかぐらうた』の三下り目に

六ツ　むりなねがひはしてくれな
　　　ひとすぢごゝろになりてこい

七ツ　なんでもこれからひとすぢに
　　かみにもたれてゆきまする

一筋心になって、親神を頼り、しっかり凭れて行くのだという思いが私達の心にあるやなしや。これは『蜘蛛の糸』の糸であり、その糸に摑まるか摑まらないかであり、助かるか助からないかにもなるのであります。九下り目には、

二ツ　ふじゆうなきやうにしてやろう
　　かみのこゝろにもたれつけ

と、何事につけ不自由をするということは、もう一つも二つも神に凭れていないからではないでしょうか。大丈夫だと思う心があるから凭れられるのであって、凭れられないのは、本当に大丈夫だと分ってないということであります。『おふでさき』に

あすにちハなんでもたのみかけるでな
神のいぢよにつかねばならん　（四―41）
にち〳〵にみにさハりつくとくしんせ
心ちがいを神がしらする　（四―42）

体に色々な不都合、即ち病や障りが出て来る。それは、私達の陽気ぐらしに向う心得違いを神が知らすことなのだと。

めへ〳〵のみのうちよりもしやんして
心さだめて神にもたれよ　（四—43）
なに〻ても神のゆう事しかときけ
みなめ〻めの心しだいや　（四—48）
しんぢつに心いさんでしやんして
神にもたれてよふきづとめを　（四—49）

教会に参拝した折には、唯々参拝するだけでなく、おつとめをすることが大切で、特に難病は、医学や薬の術を頂きながら、神に凭れて、おつとめをすることであります。おつとめが出来るぐらいの病だったら、おつとめを先ずすること。おつとめが出来ないような重い病だったら、その周囲の人、家族をはじめ丹精している身近な方々が、守護を頂く思いを込めておつとめをすること。真底から心を勇ませて、大丈夫なのだ、凭れていればたすかるのだ、守護が頂けるのだ、と固く信じてつとめをすることだと思うのであります。

せかいぢうどこのものとハゆハんでな
心のほこりみにさハりつく　（五—9）
みのうちのなやむ事をばしやんして

神にもたれる心しやんせ　（五—10）

どのよふなむつかし事とゆうたとて
神のぢうよふはやくみせたい　（五—11）

と親神が守護に対しての自由自在の働きをするから、それを早く知らしめたい。それ故に、凭れてくれと急き込まれているのであります。あまりに疑い深い人の結末は、疑心暗鬼で不安が募り、何事も信じられず、やがて精神不安定、情緒不安定となりますが、それでも私達は自分の心・思いを変えようとせず、少しも改めない。神は「不思議世界を見つめ凭れよ。凭れれば守護をする」と言われています。この教えは、知れば凭れることができる、危なく弱いものではない、いくら寄り掛かっても大丈夫な教えだと知らなければなりません。親神の働き、即ち守護が分かれば、凭れることができるのですが、それがなかなか分からないから、凭れられないでいます。それをずうっと続けて行くならば、最後まで凭れることはできず、親神の働きや力、即ち守護も頂けないことになるのであります。

心よりしんぢつハかりすみきりて
とんな事でもをやにもたれる　（十—102）

このさきハせかへぢううハどこまでも

よふきづくめにみなしてかゝる　（十—103）

陽気ぐらしをして行かねばならない私達ではありますが、親神の思いに沿えず、むしろ背いている。それがなかなか陽気づくめにならない元なのであります。

どのよふな事をするにも月日にて
もたれていれればあふなけハない　（十一—38）

凭れるところが違うから、危なくてしょうがない。病になるとすぐ医者・薬。親神は医者・薬に凭れてはいけないなどとは決して言ってはいませんが、私達は医者・薬だけに凭れてしまって、肝心な親神の思いにはなかなか凭れようとしない。これがもどかしく残念なことだと。

明治23年7月7日の『おさしづ』に、

《元々医者は要らん、薬は呑む事は要らんという事は教には無いで。元々医者にも掛かり、薬も呑み、医者の手余り救けようというは、誰にも医者に掛かる事要らん、薬呑む事要らんというは、どっから出たのや。手余りを救けるのは誰も何とも言うまい。神さんに救けて貰うた、始め掛けのようなもの。めんく通りよい処をとおり難くうする。（中略）所々でおかしい風説、何かの処、取り決まって一人のために萬人ほかして了わにゃならん》

まず親神様に凭れ、そして、医者にも掛かり、薬にも浴したらいいのであります。或いは又、

けふまでわなにもしらすににんけんの
心ばかりでしんはいをした　（十三—9）
これからハ心しいかりいれかへて
神にもたれてよふきつとめを　（十三—10）
したるならそのまゝすくにしいかりと
りやくあらわすこれをみてくれ　（十三—11）

人間の考えだけで心配をしているのが私達で、その心を入れ替えて、しっかり親神に凭れ、つとめをしていくならば、「りやく」を現わそうと。

今や認知症が大きな社会問題になっておりますが、アルツハイマー型の認知症も、脳血管性の認知症も、どちらも症状が進行していくと、記憶力・判断力の障害が起きると言われています。そして、幻覚・妄想も出て来る。最近は40代・50代の若年性認知症も増えて来ているそうで、疑う心が強いと認知症になって行き易く、その疑う心の因は「頑固」ではないかと思うのであります。自分の心を切り替えず、自分の考えは絶対だと思い込み、それ以外は疑っていく。するとそういう症状が出て来るように

思うのであります。

平成8年12月20日の読売新聞に、認知症に関する評論家の俵萌子姉の記事がありま す。

「私の母はアルツハイマー型痴呆と分かった。大阪で弟一家と暮らしていた母は今年四月、腰痛のため八十六歳で入院し、三か月で追い出されるように退院した。家に帰ると、被害妄想が強くなり、「殺される」と一一〇番したり、家族に「ドロボー」と言い出した。」

人を疑うのです。家族さえも泥棒だと思うのですね。家族にも殺されると思うのですね。疑ってばかりいる。

「徘徊もするので、役所にホームヘルパーを頼んだが、収入制限のために断られた。弟たちは「このままでは家族崩壊」と苦しんでいる。母はある病院の精神科に入っているが、毎日憂鬱で、困り果てている。」

認知症はやはり、疑いが強く、痴呆だから総て忘れてしまえばいいのに、幻覚や妄想、不安や疑惑、そういうものだけは不思議と残るということです。アルツハイマー型も、脳血管性の認知症も同じで、現在日本に130万人もいると言われる認知症の人が、二〇一〇年には200万を超すであろうとも言われています。しっかり神に凭れることが大切なことであり、親神の守護・働きをよく知り、そして、凭れる。神は、その働き・存在を初めから信じろなどとは申しておませんが、知りなさい、分かりなさい、さすれば素直に信じられるし、そしてその証拠を出そうと言われているのであります。

いまゝでわ月日なに事ゆうたとて
みなうたごうてゆいけすばかり　（十三—66）

月日にハ大一これがざんねんな
なんでもこれをしかときめるで　（十三—67）

これからハ月日ゆう事なに事も
そむかんよふに神にもたれよ　（十三—68）

したるなら神のほふにもしんぢつに
たしかひきうけはたらきをする　（十三—69）

と力強く私達に神の真実の守護の約束をしてくださり、それ故に凭れよと。

月日にハこらほどくどきつめるから
心ちがゑばすぐにしりぞく　（十三—70）

これだけ思っていることだから、人間が心を違えれば神はすぐに退くと。神が退けば私達は神の働きも守護も頂けないということであります。

私達が我が心に覆い被せている様々な埃心・我が身中心の考えに埋没して、親神の思いに沿っているか否かをもう一度よく思案し、反省に反省を重ねることが急務であります。健常者でも物忘れはありますが、それは一過性ですからあまり心配はありませんが、認知症の物忘れは進行するそうです。私達の体は一年に一歳年をとりますが、認知症の場合は脳だけが一年の間に五年ぐらい年をとると言われています。親神から厳しい手入れを頂かないように、神に凭れていつまでも、勇んで働かせていただきたいものであります。

運・不運と運命

私達はしばしば「運」とか「運命」とかを論じますが、運とか運命をどのように考えているでしょうか。運というものは目に見えないもので、なかなか計算がたちにくいものですから、他に頼り、他力にして、運を天に任せると言っているのですが、不運が来たらどうするか。「運」とは、人知では計り知れない身の上に起こって来ること、身の上の成り行き、巡り合わせ、ということですが、私達は「運」というものを見つめず、置き去りにしているところがあると思うのであります。「運は天に在り」とか、「運を天に任せる」とか言って、運は既に定まっている、だから自然の成り行きに任せるしか無いぐらいに思っているのであります。運命とは、超自然的な力、私達の力の及ぶ所ではない力に支配されて、人の上に訪れて来る巡り合わせだと思っていると思うのであります。つまり、天によって定められた人の巡り合わせというように理解していると思うのですが、これは字引的な解釈で、これでは全ての出来事は運命によって決定され、自分の意思や選択は無い、無力だという考え方にもなります。これは運命論とか悲観論とか宿命論とか、発展性のない運とか運命についての考え方です。

しかし、それでは薄幸の人は一生薄幸なのか、不運の人は一生不運なのか、どうすることも出来ないのか。幸運の中に生まれた人は、一生幸運なのか。そんなことはないのであります。この天の理の教えをしっかり心して通れば、運や運命は変わるのであります。全てが予め決まっているならば、苦労も努力も何もすることはない。運命は計算がたたない、計算が立たないのが運命だと殆んどの人がそう思っているのであります。しかし、運命は計算が立ち、どうしたらば運命をはじき出せるか、算出できるかということになりますが、数字で出て来ることではありませんが、運命というものは算出できると思うのであります。私達人間は運命というものをあまりにも誤魔化して生きているので、大切なものを省いてしまって、それで、運命だから仕方ないと、大切なものを見落としていることが多いのであります。どこに手抜き、見落としがあるのだろうか、それを反省することではないでしょうか。例えば科学の世界、医学や宇宙工学も含めて、発明とか発見の世界では、手抜きも辻褄を合わせることも、誤魔化しも許されないのであります。ちゃんとした計算を立てなければ危険が伴うからであります。厳しい推理・推論を重ねて真理を追って行き、そこには寸分の誤差も許されない正確さが要求されるのであります。運命はといえば、不都合や食い違いやら思い違い、思いがけない辻褄の合わないことが起こると、すぐ私たちは「何でだろ」ということを、どこに違いがあったんだろうかということも反省せず、運が悪いとか、ついていないとか、運命だからということで片付けることが多いのではないでしょうか。自分の努力不足や過ち過失や不注意を見過ごして、厳しい反省もせず、運を天に任せるとか、まして一生懸命やったならばまだしも、何もしないで「成って来るのが天の理」と言って、運というものに責任を転嫁して、大切なものを置き去りにしてしまう。そして、どうにもならなくなって、無理無茶な苦しい時の神頼みをする。これが私達ではないかなと思うのであります。そして願い、祈った結果が芳しくないと、神や仏のせいにする。これでは「運」「運命」というものを私達はまじめに捉えてないということになると思うのであります。努力も実行もしないで心も改めず、この教えの大切なつとめもしないで、「成って来るのが天の理」というようなことでは、神は働かないと思うのであります。運命を決める大切なものを今の今まで私達は置き去りにしているということではないでしょうか。天に運命があるのではなく、天には運命を決めてくれるものがあり、それは私達次第なのであります。正しい教えは、願ったり祈ったりするだけではなく、私達人間に陽気ぐらしをさせたいという親神の思いから、甘えのない厳しい反省と実行を促されるのであります。それが身上(病)や不都合な事情という事で現して下さり、それにいち早く心を取り直して「心を切り替える」ということ、考えを変えるということであります。考え方を変えなければ生き方は変わりません。教祖の教えに沿った考え方に切り替えて行かなければ、自分の生き方は変わって行かないし、運命も変わらないということであります。私達は、日常の諸事に慣れてしまっているように、物の散乱している中で暮らしている人はそれに慣れ親しんで、汚れている事も、乱れている事にも、あまり苦に感じない。ところが、他の人が見ると、雑然としているな、凄いな、よくこんな所で生活しているなということになるのであります。特に私達の心の使い方は目に入りませんから、天の理の理法、真理が見えて来るように、心の目をしっかり見開くということが大切な事だと思うのであります。そして、改める方向に向かって訓練をし、訓練を重ねて実行する。そのひとつが「おつとめ」であり、このおつとめはたすけづとめとも言われ、世界を救けるつとめ、また自分自身をも救けるつとめなのであります。また、運命を変えて行く至高の形が「人だすけ」であります。人の力になってあげるということ、これが自分自身の運命をも変えて行く、いい運を呼び招く至高の姿であります。

わかるよふむねのうちよりしやんせよ
人たすけたらわがみたすかる　（三―47）

と。つとめと、病んでいる人を救けるには当然「さづけ」が伴うということになり、

それ故に「つとめとさづけ」が必須と先人が今日までお教え下さっているのでありま
す。

　生きている以上体重のない人は居ない。誰にも体重があるのですが、自分の体重は自分では感じないのが不思議であります。そこに50キロの物があって、持って来てくれと頼まれても、重くて一人では持てない。一瞬は持てても、長時間は持ち堪えられない。また、自分は自分の目には入らない。常に自分を置き忘れて、自分を見失っているのが私達なので、しっかり自分を見据えて行かなければならないということでありますΟ運命とは、天の理に沿った計算に合うか合わないか、それによって運不運が決められ、また運がいいとか悪いとかも夫々の都合で決めているのですが、運命は大自然の、それも天の理に沿った計算に合うか合わないか、それによって決められるということで、しっかり目を見開いて行かなければならないと思うのであります。

　瀬戸内寂聴は、

「多くの人にあの世はあるのか、極楽はあるのか、地獄はあるのかと訊かれる。問う人は年齢も男女の別もない。殊に近い過去に愛する人に死別した人たちは、涙ながらに真剣に訊いてくる。また現在、すでに医者から死期を予告された病人を介護している肉親からも問われることが多い。そんな時、わたしは全く困りきってしまう。八十一歳まで長生きするとは愛別離苦を、骨の芯まで味わうことだと思い知らされている。そんなわたしがあの世があるかないかなど、口幅ったいことを言えるわけがない。しかしわたしは三十年前出家して尼僧になっているので、質問者は、何かしら出家者の口から、はっきりしたあの世のイメージを聞きたいと思うらしい。(中略)阿弥陀経の中には、人が死んで往く浄土の光景が美しく描かれている。そこでは人々は食べる心配もなく、年中美しい花が開き、美しい声で鳥が鳴き、家々は金殿玉楼で、池は金砂銀砂が敷きつめられ車輪のような大きな蓮が咲き、光を放っているという。(中略)二十一世紀の現代では、人々は人工の力で金殿玉楼を築き、電気という魔法の力をもつものを発明し、夜の闇さえ追放してしまい、まぶしい光りに満ちた歓楽街を造り出している。ところが人間の自力で造り出した極楽は、どうも住み心地が快適ではなく、そこでは争いと殺戮が性こりもなく繰り返されている。その悲惨さこそが、地獄で、お寺で見せる地獄図のような空絵事ではなく、これこそが現実の地獄だと思わずにはいられない。」

と語っております。地獄極楽図という絵が二枚あって、一枚は地獄図であります。すばらしいご馳走が置かれていて、自分の腕より長い箸で、そのご馳走を自分の口に入れようと四苦八苦している図であります。ご馳走が山ほど置かれていても、自分の腕より長い箸では食べるに食べられない。そこに描かれている衆生は皆青白い顔をして痩せこけています。どうしても食べられない。これが地獄図です。極楽図はといえば、長い箸でご馳走を向かい側の人に食べさせてあげている。向かい側の人は、おいしそうに食べながら、今度はこちら側の人の口に入れてあげる。これなら食べられます。両方が食べさせ合う。両方が喜びを持ち、感謝をする。それが幸せな姿、これが相手がいればこそという幸運な姿なのであります。ここから悟り得ることは、人に喜びを与える、喜ばすということ、その結果、人からの感謝が頂ける。喜びも富も財も地位も名誉も集まって来る。いい運命となり、極楽となる。これが運・不運の算出であり、反対にしっかり計算しなければ、食べるものがあっても食べられないという不運になるということであります。運命の計算は成り立つということであり、そこにこの世の極楽があると親神はお教え下さいます。『みかぐらうた』(四下り目)に、

七ツ　なにかよろづのたすけあい
　　むねのうちよりしあんせよ

と、私達のその考え方でいいかどうかをよく思案せよと、

八ツ　やまひのすつきりねはぬける
　　こゝろハだん〳〵いさみくる

私達の思案が天の理に沿えば、病の根は切れて心は晴れ晴れとして勇んでくると、

九ツ　こゝはこのよのごくらくや
　　わしもはやく／＼まゐりたい

そうすれば、ここはこの世の極楽になり、自分も努力して早くそのような境地になりたいと、

十ド　このたびむねのうち
　　すみきりましたがありがたい

ところが欲や高慢にまみれ、我が身可愛いの自己愛や自己中心に明け暮れていると、喜びがあるのに見えず、幸運への計算も算出できない。それで運が悪いとか、ついてないとかいうことで終わらせているのが私達ではないかと自戒するところであります。

私達の心を生き生きと輝かせるものは、喜びと感謝であり、喜びのない人は欲が多く、暗く陰鬱でキラキラしていません。感謝のない人の心は錆びています。考えてもいなかった喜びや幸運を招く人は、まず相手を喜ばせ、自分は不都合でも、その不都合や不便なことには慣れている人で、苦労にも鍛えられる人ではないでしょうか。これが考えてもいなかった幸運(好運)を招き入れる人なのであり、それにはケチな心を捨て、相手のことを考える心を養い、真実とか救け心の出し惜しみという悪い癖を叩

き潰すことではないでしょうか。金銭などもぜんぜん出さず、欲でブクブク膨れている自分自身を力いっぱい絞り、スリムにして、不都合や馬鹿を見ることにも耐えられる心をつくること、これが幸運を得る足し算になっていくのであります。ケチで出し惜しむ心、欲一杯の高慢な癖性分の人、必要以上に自分にこだわる人、自分を譲らない人、いつも自己中心の人は、地獄図のように、相手にご馳走を与えない姿の人です。自分に執着して自分にばかりこだわっている人は、天の理という列車があるとするならば、乗り遅れて、幸運にも見放され、置いてきぼりを食う人ではないでしょうか。

私達の心臓は弛まず動いております。一瞬の静止もありません。血は溜まることなく、体内を駆け巡っています。満腹な胃でも次の日は空腹になります。川は何十年、何百年もの間止まることなく流れ、その川の水は海へ流れて行きます。海も海流によって流れており、海はその流れてきた川の水を貯めることなく、また水蒸気となり雨となって地に潤いを与えてくれています。時は、一刻も止まることなく、移って行っています。私達が生きているこの地球も、太陽や月も、一瞬も止まることなく巡っている、これが天然自然であり、全て停滞する、滞るということはありません。止まるということはないのであります。この流れること、動くことが天然自然の法則・摂理であり、親神の意思なのであります。

この天の理法に反するのが、人間であり、その反する元となるのは私達の「心」であります。天の理に反する心の人は置いてきぼりになり、大自然の理法から無視され、運が悪い、ついてない、どうして何をやっても駄目なのだろうかと嘆く。よく思案してみることであります。動かない、止まる。出したくない、使いたくない、失いたくない、惜しむ、溜める、自分のことしか考えない。これが天の理法に反するのではないでしょうか。ましてや、他から真実を頂きながら、自分は真実という心を出そうとしない。これが弛まず動いている天の理法からすると、違反になるのであります。流れには流されず、流れには乗らねばならないのであります。今、日本経済の何が悪いかというと、お金の流れが悪いからで、滞っているから経済が生き生きしてこない。物の流れを物流といい、血の流れを血流といい、全ては流れの中にあり、日々という時の流れの中で、不足不平不満の心を堆積させず、天の理の流れに沿って、悠々と生きることが大事なことであり、それが幸運を掴むことができる因であります。

運命は変えられます。『無手の法悦(よろこび)』の著者、大石順教は、17歳にして義父の狂乱によって両腕を落とされました。17歳の時に舞踏の修行を指導してくれていた養父が狂乱の末、一家五人を惨殺、巻き添えとなり両腕を失うが、奇跡的に生還。

絶望と周囲の好奇の目に耐えつつ、見世物小屋ぐらしをさせられ、日本全国あちこちと巡業芸人生活を続け、その中で画家との結婚、二児の母親、そして離婚などを経て出家得度。私のような不幸な者でも必ず立ち直れるのだと努力に努力を重ね、字を習い、そして仏光院という身体障害婦女子の福祉会を作って福祉活動に献身。一方、口で筆をとり、はじめはよだればかりが出たそうですが、絵画や書に励み、昭和30年『口筆般若心経』で日展書道部入選。世界身体障害者芸術家協会会員として東洋初の認証を受けられた、とありますが、これを読むと、どんな不運な不幸な人でも勇気のない人も勇気が出て来るし、運命は変えられることが分かると思うのであります。字を書くきっかけは、駕籠に入れられ餌を啄み合っている二羽のカナリアを見て、鳥は手がなくても何の文句も言わずああやって楽しそうに生きている。私も生きられる筈だ。私は字もろくに勉強しなかったから、字を学び、筆で字を書いてみたい。それから口で筆をとるようになったと述懐されています。

止まっていては、運命というものに、運というものに置いてきぼりにされます。諺に、

運を待つは死を待つに等し

とありますが、好運の到来をただ待つのは自らの死を待つような愚かな事で、運は自

らの努力に依ってのみ開けるものであると。一切のもの全て、止まっているものは何一つありません。止まっていたり、止めたりするものは私達の心であります。骨身を惜しまず動こうではありませんか。

神の「ざねん」「りっぷく」

私達は、この教えの講話、講演、講義等をよく聴講しますが、何のためにということになりますと、それはまず、大局的に、この教えをより一層分からしてもらうということであり、そして、この教えが分かったら、分かっただけでは意味はなく、その意図するところを理解するなり悟るなりして、実行していくためだと思うのでありま す。話とは分かるためにだけ聞くのではなく、分かることは前提であり、その後は、履行・実行していくために相談をしたり話を聞いたりするのではないかと思うのでありま す。分かっただけでは少しも変化も進展もないからであります。

今世紀の聖人と言われるマザー・テレサは、「Love is Action. 愛とは行動なり」と言っています。世の中の素晴らしい人は皆行動しています。動いています。神の守護も行動に伴って頂くことができ、行動から全てのものが生まれ、発展して行き、行動することもなくただ理念・理論を振りかざし、行動に移さず語っているだけの人は、重く受け止めてもらえず、行動することがいかに大切かということであります。

さて、神は恐ろしいですか、怖いですか。或いは、優しいでしょうか、親しく感じるでしょうか。そこで「神のざねん・りっぷく」ということですが、立腹とは、腹を立て怒ることで、我慢できなくなって、その気持ちが、いわゆる言動に出ることです。残念とは、期待したように事が運ばなかったり、或いは続かなかったりして、物足りない気持ちが残ることですが、親神の『ざねん・りっぷく』は、私達人間の思うような安価な「ざんねん・りっぷく」とは違い、あまりにも私達の心の成人が鈍いことに対しての『ざねん・りっぷく』であります。心の成人とは、「親を知って親になる」ことで、まず親を知る。そして、知っただけではなく、親になっていく道程、これが人となりとしての大事なところですが、そういう成人の鈍い私達を思っての、親神のもどかしさ・残念な思いが「神の立腹」或いは「残念」という表現で『おふでさき』『みかぐらうた』『おさしづ』をもって私達にご教示されているのであります。

親神の『ざねん・りっぷく』のもとになるものは何か。五つほど挙げられると思いますが、まず、

一、悪事が退かない。心から悪事を改めようとしないこと。

このあしハやまいとゆうているけれど
やまいでハない神のりいふく　（一―32）
りいふくも一寸の事でハないほどに

つもりかさなりゆへの事なり　（一―33）
りいふくもなにゆへなるどゆうならハ
あくじがのかんゆへの事なり　（一―34）
これは教祖中山みき様の嫡子秀司様の足の病についてのことではありますが、秀司様はひながたであり、私達にも通じることとして広義に拡大解釈をしていかなければなりません。

二、強欲を尽くすこと。
なにもかもごふよくつくしそのゆへハ
神のりいふくみへてくるぞや　（三―43）
強欲を尽くすとは、欲ばかりで、欲ばかりということは自分のことばかりで、飽きることを知らない欲の心で日々を送り、人のために何かしてあげたい、喜んでもらいたいなどという他人に対しての心を持ち合わせない心です。強欲、自分はどうだろうか。ふと我に帰り気がつくと、自分のことを考えている。人間とはそういうものですから、人のことを考えることによって心のバランスがちょうどよくなると思うのであります。

三、神の言葉を疑い消すこと。
神の胸の内が分からず神の言うことを聞かないこと。

「ちよとはなしかみのいふことをきいてくれ」と、おつとめの中で、ちょとの話をちょっと聞いてくれと言われ、私達はそれを聞かないか、或いは、聞いても疑い消すから、「ざねん・りっぷく」となるのであります。

このたびまではいちれつに
むねがわからんざんねんな　（十一下り目九ツ）
いまゝでハぎうばとゆうハまゝあれど
あとさきしれた事ハあるまい　（五―1）
このたびハさきなる事を此よから
しらしてをくでみにさハりみよ　（五―2）
このよふハいかほどハがみをもうても
神のりいふくこれハかなハん　（五―3）
めへ〳〵にハがみしやんハいらんもの
神がそれ〳〵みわけするぞや　（五―4）

ここでの牛馬（動物の象徴として）とは、牛や馬になるということではなく、病むということだと悟るのであります。病んで、人が看病してくれればこそ綺麗な床に臥していられますが、牛馬はたとえ親でも子でも兄弟でも、看病はしてはくれないのです。

牛馬は病んだら、自ら排泄した汚物の中にいなければならないということを考える時、人間であればこそ手立てをしてもらえますが、病むということはそういう牛馬の道と悟るのであります。それ故に、身に障るということは何かに早く気づき、早く悟ることだと思うのであります。どんなに我が身を自分で思案してみたとて、神の立腹には太刀打ちは不可能であり、神が見分け・仕分けて天の帳面につけ、足らねば取るし、余れば返すから、必要以上に我が身を思案し心配することなく、親神の意図するところを分かればいいのではなく、ひたすら実践すればいいのではないでしょうか。

このさハりてびきいけんもりいふくも
みなめへ〳〵にしやんしてみよ　（五―20）
このはなしなんとをもふてきいている
かハいあまりでくどく事なり　（五―21）
どのよふにいけんりいふくゆうたとて
これたすけんとさらにゆハんで　（五―22）
にんけんのハがこのいけんをもてみよ
はらのたつのもかハいゆへから　（五―23）

と神は、どんなに因縁が悪かろうが、どんなに徳がなかろうが、「たすける」と断言され、また、私達親が我が子に意見する親の気持ちと同じように、何とかよくなってもらいたい、何とか他の人と同じようになってもらいたいという可愛い気持ちからのくどき、「はらのたつのもかわいゆえから」であり、憎くて腹が立つのではなく、何と分かりが鈍いのだろうかというもどかしさ・残念が高じて腹が立つという表現になるのではないでしょうか。

四、人を救ける心がないこと。

残念が高じると立腹になっていくのです。これだけ人を救けてくれと願うのに、何故その心になってくれないのか。人を救けることは決して悪いことではないし、悪いことではないどころか、自らもたすかる道なのに、何故そのことが分からないのかというもどかしさ。

なさけないとのよにしやんしたとても
人をたすける心ないので　（十二―90）
このさきハ月日のざねんりいふくを
みなはらすでなこれがしよちか　（十三―35）
月日にもざねんりいふくはらしたら
あとハめづらしみちをつけるで　（十三―36）

人を救ければ我が身も救かり、これだけ結構に自由の守護を頂きながら、人を救けなければならないこともよく分かっているにも拘らず、ちっとも救けを行動に現さない。それを神は残念と。また私達お互いが助け合って、病んでる人、困っている人がいたら、そうでない人が救ける。そしてまた、救けられた人達が結構になって、病んでいる人、悩んでいる人を救けて行く世界、「互いたすけあいの世界」を少なくとも自分の身の回り、身近な所から始めて行くことが大事なことであり、さすれば親神は万事を「ひきうける」と言われるのであります。

五、たすけ一条の道、即ち、人をたすける道を止めること。又、反対するということ。神の「たすけ一条の道」を止めるようなことがあったら、神は黙ってないということであります。

「天理教?」とこの道、この教えに反対する人がいたら、それに流されず臆せず「そうではないのだ」ということを説き明かすことが、救けることになるのではないでしょうか。

なにもかも月日いかほどくどいても
まことにきいてくれるものなし　（十三—104）
それゆへに月日のざねんりいふくが

山〱つもりかさなりてある　（十三―105）

けふの日の神のさんねんりいふくわ

よいなる事でないとをもゑよ　（十六―52）

月日よりないにんけんやないせかい

はじめかけたるをやであるぞや　（十六―53）

そのところなにもしらざる子共にな

たいことめられこのさねんみよ　（十六―54）

このたびハこのかやしをばするほとに

みなとこまでもしよちしていよ　（十六―55）

月日親神がこれだけ言っても、聞いてくれないので、分かった者から未だ分かっていない者に天の理を説き明かしてくれと。ところで、私達は反対こそしてはいませんが、神の思いに協力・尽力をしているでしょうか。そういう中で、私は何のために生まれて来たのだろうかをしっかり思案しなければなりません。不足をするために、或いは悩むために、はたまた病むために生まれてきたのでしょうか。答えは一人一人が、自らしか出せないことで、その解決の鍵も一名一人が持ち合わせているのであります。

《一つには、切るに切られん残念の中、残念々々々々の理があった。残念の理程怖

わいものは無いで。残念の理一代で行かにゃ二代、二代で行かにゃ三代、切るに切られんいんねん付けてある》

（M24・1・28）

と。一代の残念は、二代三代と因縁、即ち、因（もと）と縁（つながり）になっていくと。では、どうしたらその残念の理を解消できるかということになりますが、これは私の悟りではありますが、人を救けることに専念すればいいので、それ以外に守護を頂く究極的手段は他にはないと思うのであります。仕事をしていてても、何をしていてても結構で、その気になって人を救けることであります。まして、教会で人を救けることにしか従事していない人達が仕事をしなかったら、遊んでいるのと同じでありります。失業者や無職と同じであります。私達はそれぞれの立場をよく振り返り、どんな人でも、こういう準備がなければ、こういう手立てがなければ人救けは出来ないということはなく、それは陽気ぐらしとて同じことで、こういう道具立てや準備がなければ陽気ぐらしが出来ないということはありません。そのことをよく知り、心に治めて、後は勇気を出して立ち向かうしかないのであります。心一つであり、いつでもどこでも誰にでも出来るはずなのであります。

教祖の思いを噛み締め、人だすけの上に、そして現在おかれている私達の不自由のない日々をこの上ない喜びとして、運ぶことに尽くすことに、この恩に対して報恩をすることに、即ち、人を救けることであります。私達はこの教えによって、日々不足三昧・苦しみ三昧で過ごさなければならないところを、喜びや楽しみに心を切りかえる道、また、人を救けることに依って我が身が救かる道をお教え頂いていることに対して、応えさせていただきたいものと思う次第であります。

【教語解説】

1　みかぐらうた

「かぐら」と「てをどり」の地歌を合わせた「つとめ」の地歌の書きもので、原典の一つ。「つとめ」というのは、親神に祈り念ずる為に教祖によって定められ、その実現が何よりも急き込まれた「たすけ一条」の道である。また「みかぐらうた」は歌う者も聞く者も、教理を心に味わいつつ身につけることができる唱え歌で、第一節から第三節までが「かぐら」の地歌であり、第四節と第五節が「てをどり」の地歌である。

2　陽気ぐらし

天理教教典に「この世の元初りは、どろ海であった。月日親神は、この混沌たる様を味気なく思召し、人間を造り、その陽気ぐらしをするのを見て、共に楽しもうと思いつかれた」と人間世界創造の所以を説かれた。人間は陽気ぐらしという目的の為に創造され、人生本来の意義は、陽気ぐらしをすることにあるのであって、そこに人間の真生命は実現され、人間は真の幸せを手にすることができる。

陽気ぐらしとは陽気な心、明るく勇んだ心で日々を通ることである。親神は「陽気ぐらし」という言葉で、人生の意義、人間の幸せが日々の暮らしの中にあり、物や金や地位や名誉といったものにあるのではなく、日々を暮らす自分自身の中にあることを教えている。

3　おふでさき

天理教の教理書の中で原典と呼ばれ、教祖の直接的記録。一号から十七号までの一七一一首のおうたより成る。「おふでさき」の言葉は、教祖の熟知し、使用していた言葉で書かれているので「大和言葉」の特色があり、また和歌体であることから詩的文体として暗示性、多義性、象徴性に富んでいる。

4　八つの埃

神意にそわぬ人間の心のあり方、「心得違い」が「ほこり」にたとえられ、ほこりが積もり重なると、心は曇り本来の明るさを失い「陽気ぐらし」ができなくなる。八つの埃は、心得違いのほこりを掃除し易いようにとの為であって、ほこりがこれだけというものではない。

5　障り

一般の用語としては①さわること、さまたげ、さしつかえ、②病気になること、③つき厄、の意だが「おふでさき」に於ては病気の意で「やまい」と同じ意味で用いられている。

6　御供(ごく)

教会本部から下付されるもので、「をびや御供」と、一般の御供とがある。をびや御供は「かんろだい」に洗米を供え、「をびやづとめ」を勤修した後、「をびや許し」(安産の許し)として渡される。一般の御供は、教祖殿に日々供えられた洗米のおさがりを包んだもので、それは主として「身上だすけ」の為に下付されている。

なお、御供の効能についても「何も御供効くのやない。心の理が効くのや。」(M37・4・3)と。つまり御供そのものが効くのではなく、親神から頂いた尊い御供であると素直に受けるその心に神の守護があるのだと教えられている。

7　さづけ

「つとめ」と共に「たすけ一条の道」と言われ、特別な救済手段で、さづけの理を取り次ぐことによって、親神の守護が得られ、さづけの取り次ぎ人は親神の恵みを病人に取り次ぐ(仲介する)のである。定められた手振りに伴って「あしきはらいたすけたまへてんりわうのみこと」を三遍唱えて三遍撫で、これを三度繰り返す。

8　かしもの・かりもの

「身の内、体」は神のかしもの・かりものであるという教理。人間は生物ないし動物として、自分自身の体を自分であると考えているが、自分自身の本体は魂であって、この体は親神から借りているのであると教えられている。これは分かり難いことではあるが、人間がこの世に存在することに関する神秘的な教理と言える。

9　おさしづ

一般的に「さしづ(ず)」(指図)とは物事の方法、順序、配置などを指示、命令、下知することで「おさしづ」とは「さしづ」に美称の接頭語の「お」を付したものである。

天理教で「おさしづ」とは教祖及び「存命の教祖の理」を受けて神意を取り次いだ「本席」飯降伊蔵を通して語られた親神の教示を指し、天理教教義の源泉をなす三原典のうちの一つで「原典三」と通称されている。

10　つとめ

天理教で「つとめ」又は「おつとめ」と呼ばれるものは、天理教の祭儀の中心となるもので、恒例の祭典はつとめをつとめることが主要行事である。親神がこの世に現れた目的の一つである「たすけ」(救済)を実現する為に教えられたもので、最も根本的で重要なものは「かんろだい」を囲んで行われるつとめと、これに対して各教会で、人間が親神に向って感謝したり祈りをしたりする為の「朝夕のつとめ」とがある。このつとめは身体の健康や自然の豊作社会の平和を招来するという珍しい「たすけ」をされ、世界はつとめによって陽気ぐらしの世界に立て替って行くと教えられている。

11　ようぼく(よふぼく)

漢字の「用木」に由来し、原典では「よふぼく」と表記し、慣用的に併用する。親神の世界救済、即ち理想社会である「陽気ぐらし」の世界の建設を建物の建築にたとえ、布教伝道をする者をその為に使用される「用材」としての「用木」に見立てた言い方であり、布教伝道の場に於ける人材を意味する。

12　月日

親神をあらわす言葉で、親神は先ず「神」という言葉によって「元の神」「実の神」であると説かれた。更に進んでは「月日」と呼び、実際に仰ぎ見る月日によって親神への一層の親しみと恵みを感じさせるように導かれた。

13　ぢば

天理教の信仰の対象であり中心である。親神が人間を創造された元の地点で、天理王命の神名の授けられた場所であり「よろづたすけ」の源泉である。

14　道

一般に道は日常生活の必要から人が通行し往来するところに出来、そうしたところから転じて、人が行うべき道理の意に用いられ、武士道、柔道、剣道、茶道、書道等という時、「道」に内的、精神的な意味を含めて使っている。教語としての「道」は「この道」ということで、「お道」ともいわれ、また「お」を省略しても用いられている。

15　においがけ

表記は「にをいがけ」。「おふでさき」は「にをいがけ」で、「みかぐらうた」には「にほひ」とある。一般的には「にをいがけ」は「匂いを掛ける」という意味に理解されている。即ち、花がよい匂いを発散すれば虫が誘引されるということから、信仰にいざなうことを「にをいがけ」と言う。神の恵みを取り次いで救けることは「おたすけ」と呼ばれ「にをいがけ・おたすけ」で布教伝道を意味する場合が多い。

16　ひながた(の道)

ひながた(雛形・雛型)の語義は、実物をかたどったもの、模型、原型ないしは様式、見本等である。教語として取り上げられている「ひながた」は、教祖(おやさま)が「月日のやしろ」としての立場で歩まれた五十年間の生涯を信仰生活の手本として仰ぎ、それを目標にして信仰生活を進めるべきであるという教理を含んだものである。そして他と区別する意味もあって「ひながた」と仮名で書くことが多い。これは信仰生活の具体的な目標を教祖が通られた生活の歩みの中に見つめ、それを手本として信仰の足どりを進めるように教えられたことに依る。

17　十全の守護

親神の十全の働き、即ち全知全能なる親神の守護、摂理を表現した言葉。

18　りゅうけ(立毛)

田畑等に生育する米、麦をはじめとする農作物のこと。「おふでさき」等では「りうけ」「りうけい」「りゅけ」とも表記されているが、一般には「たちけ」或いは「たちげ」という。

19　よろづよ八首

「よろづよのせかい一れつみはらせど」に始まる八首のお歌。「序歌」とも「八社様」とも呼ばれた。「みかぐらうた」を五つの部分に分けるとき、第四節と呼ばれるもので、明治二年(一八六九)に書かれた「おふでさき」第一号の冒頭から八番の歌までの八首を、明治三年に「つとめ」の地歌とされたものである。

20　席

席とは一般に決められた座り処、敷物を敷いて座る所を言うが、天理教では一、別席のこと。二、飯降伊蔵のこと。別席は別に設けられた席で、定められた神様の話を九度聞いて、十度目即ち本席に於て「さづけの理」を戴く。飯降伊蔵は本席に於て「さづけの理」を渡す人であるから本席、或いは敬語をつけて本席さまと呼ばれ、また「席」とも呼ばれた。

21　いきてをどり

息。「おふでさき」では「いきのさづけ」のこと。「いきてをどり」のように「いきのさづけ」と「てをどりのさづけ」の二つを挙げて「さづけ」を代表する。

22　たんのう

「たんのう」とは「足納」であり、満足の思いを心に納めることを言う。また自分が置かれている状況をまるごと受け入れる心であり、親神の親心を信ずるが故に絶対肯定の立場である。特に願わしからざる状況、否定的契機に遭遇した時の心の治め方で、今ある親神の守護を喜ぶことであり、この守護を見つめ、喜ぶところに、ならぬ中、つらい事態も通り抜くことが出来、己が苦労することから人救けの上で苦労する道を求めていくとき、苦労が苦労でなくなり勇むことが出来るようになり、運命は切り換えられて行く。

23　十柱の神

「おふでさき」「こふ(う)き本」の中に出てくる十神名のこと。

「くにとこたちのみこと」「をもたりのみこと」「くにさづちのみこと」「月よみのみこと」「くもよみのみこと」「たいしょく天のみこと」「をふとのべのみこと」「いざなぎのみこと」「いざなみのみこと」

これはあくまでも神名であって、必ずしも十神の実在を示唆したものではなく、十柱の神の教説は親神天理王命の全能の働き、余すところない守護を分析的に十種の原理的な相をもって明示し、それぞれに神名を配して説明したものである。それは人間の身体的活動をはじめ、世界のあらゆる現象を、その具体相に即して、一つ一つの親神の恵み、守護、それを感謝して生きることを促された教説であると言える。従って当初より「親神天理王命」に帰一する信仰だけがあって、十神に対する信仰の実態は存在していない。

24　出直し

天理教では一般に死を出直しという言葉で表しているが、出直しには最初から新しくやり直すという意味が含まれている。死がこの世での生の終結を意味するのに対して、出直しは再び生命を得る為に新しく再出発するという意味を持つ。

出直しとは親神からの「かりもの」である身体を親神に返すことで、古い着物を脱いで新しい着物に着かえるようなものと教えられているように、親神の守護によって人間は心にふさわしい身体を借りてまたこの世に出直して帰って来る。出直しを単なる生の繰り返しとしてではなく、陽気ぐらし世界を目指しての生死発展の過程の一つの重要な契機として捉えることができる。

25　ひのきしん

天理教信者の積極的な神恩報謝の行為を、全て「ひのきしん」という。漢字をあてれば「日の寄進」であり、日々親神に寄進するという意味を持つ。「ひのきしん」は天理教信仰の行動化された姿そのものであり、天理教草創期からの歴史と伝統をもって、今なお積極的な地域活動として活発に推進されている。地域社会に対する「ひのきしん」は、天理教信仰に基づく「たすけあい」の実践活動として、一般公共施設、即ち公園、病院、福祉施設等、常時の継続的な奉仕活動は着実に浸透し、特に近年福祉社会へと向かう社会的ニーズの増大によって、広く社会から評価されている。

26　一手一つ

一般に「いって」という場合「いってに引き受ける」などと用いるが、天理教では「一手一つ」という場合、幾人かの人がばら〳〵の心や別々の行動をとるのではなく、真底一つ心になること。また一つ行動をとることをいう。それには道の理に心を合わせ、互いに立て合いたすけ合うことが基本となる。

27　道具衆

親神の道具衆と教祖の道具衆の二様に使用している。

一、親神の道具衆とは、親神が人間創造の時に寄せて使われた──うを・み・かめ・しゃち・うなぎ・かれい・ふぐ・くろぐつな──をいい、それぞれに──いざなぎ・いざなみ・くにさづち・月よみ・くもよみ・かしこね・たいしょく天・をふとのべ──の神名が与えられた。うをとみは雛型と言って、これよりはずすことがある。

二、教祖の道具衆とは、親神の人間世界創造の目的である陽気ぐらし世界実現の為、救済活動に挺身する人をいう。「教祖の手足となって働く道具衆」と使用され、よふぼく(ようぼく)と同義に考えられている。

28　おかきさげ(お書き下げ)

本席飯降伊蔵を通してのお指図を筆記したものは、書き下げ(かきさげ)と言われ、このうち筆録の信頼性が高いものが「おさしづ」原典に集録されている。この「書き下げ」に敬称の「お」をつけた「お書き下げ」という言葉は、現在では一般的意味の書き下げを指すのではなく、「おさづけ」を頂いた後「仮席」(かりせき)に於て渡される書き物を指して用いているのが普通である。

おかきさげで教えられているのは、おさづけを頂き、それぐ〳〵の郷里に戻って布教伝道する人への心得であり、特にその中で、日常生活を誠の心をもって通ることが親神の自由(じゅうよう、自由自在)の働きを頂くもとであることを強調され、更に、家業(生業)を大事に、親に孝心を尽すよう諭されている。

田中 健三（たなか・けんぞう）

1937 年　東京に生まれる
1962 年　慶応義塾大学文学部卒業
1965年　いちれつ会派遣留学生としてパリ大学・ソルボンヌ「フランス文明講座」聴講
1967年　「憩いの家」第２次医療班のスタッフ・通訳としてコンゴ・ブラザビルに出向
1968 年　パリ大学・ソルボンヌ「I. P. F. E」中級資格取得
1970 年　教会本部パリ出張所（現ヨーロッパ出張所）設立に寄与
1971 年　「天理日仏文化協会」設立・副会長。「天理日本語学校」開校
1975 年　フランスでの任を終え、妻佐知子・長男豊一とともに帰国
1983 年　海外布教伝道部・ヨーロッパ委員会委員
1988 年　天理教本荘大教会長拝命。東京教区主事
1992 年　東京教区 21 世紀委員会・委員長。　現在に至る

明日への誘（いざな）い

平成二十年十月二十日　初版第一刷発行

著　者　田中　健三
発行者　山本　三四男
印刷所　善本社事業部

〒101-0051 東京都千代田区神田神保町一―八
発行所　株式会社　善本社
TEL（〇三）三二九四-五三一七
FAX（〇三）三二九四-〇二三二

ISBN978-4-7939-0449-3 C0014